全民阅读体育知识读本

U0723931

赛艇、皮划艇

——激流上的运动

盛文林/著

台海出版社

图书在版编目（CIP）数据

赛艇、皮划艇：激流上的运动／盛文林著. – – 北京：
台海出版社，2014.7

（全民阅读体育知识读本）

ISBN 978 – 7 – 5168 – 0420 – 9

Ⅰ.①赛… Ⅱ.①盛… Ⅲ.①赛艇运动 – 基本知识
②皮艇运动 – 基本知识 Ⅳ.①G861.4

中国版本图书馆 CIP 数据核字（2014）第 174947 号

赛艇、皮划艇：激流上的运动

著　者：盛文林

责任编辑：王　萍　　　　　　　　装帧设计：视界创意
版式设计：林　兰　　　　　　　　责任印制：蔡　旭

出版发行：台海出版社
地　　址：北京市朝阳区劲松南路1号　邮政编码：100021
电　　话：010 – 64041652（发行，邮购）
传　　真：010 – 84045799（总编室）
网　　址：www.taimeng.org.cn/thcbs/default.htm
E – mail：thcbs@126.com

经　　销：全国各地新华书店
印　　刷：北京一鑫印务有限公司
本书如有破损、缺页、装订错误，请与本社联系调换

开　　本：655×960　　　1/16
字　　数：130 千字　　　　　　　印　　张：12
版　　次：2014 年 10 月第 1 版　　印　　次：2021 年 6 月第 3 次印刷
书　　号：ISBN 978 – 7 – 5168 – 0420 – 9

定　　价：29.60 元

前　言

据史料记载，赛艇最早的起源可追溯到 2500 年前，而皮划艇则最早可追溯到 5000～9000 年前的独木舟。无论是赛艇还是皮划艇在远古时代都是作为狩猎捕鱼的一种工具，随着人类社会的不断进步和发展，逐渐演化用于娱乐、旅游等方面。后来由于广泛的传播和开展，最终被列为了一项正式的竞赛项目。

作为现代水上的两大比赛项目，赛艇、皮划艇不但有很好的观赏娱乐价值，而且还具有健身、教育等价值，所以很长时间以来，一直倍受世界各地人们的青睐。随着我国体育事业的不断发展，赛艇和皮划艇运动逐渐被我国广大的爱好者所熟知和喜爱。

本书分别从赛艇和皮划艇的起源、发展、演变等方面具体为青少年介绍了这两项水上运动。让青少年了解赛艇、皮划艇这两项水上运动的基本知识，继而又分别为青少年读者详细地介绍了赛艇、皮划艇这两个水上运动的竞赛规则、场地设施、技术、战术，有关项目术语、裁判标准等全面的赛艇、皮划艇知识，条理清晰，知识点明确，而且还配有大量的图片展示，让读者在轻松和愉悦中了解这两大水上运动，从而更加地喜爱这两项体育运动。

本书还为读者朋友展示了国际及国内著名的赛艇、皮划艇健将，让读者朋友熟知他们赛场上的英姿的同时，更能体会到他们的运动精神。

目 录

PART 1 项目起源

赛艇的起源

赛艇运动

赛艇运动是奥运会最传统的比赛项目之一。赛艇是一个或几个桨手运用其肌肉力量，坐在舟艇上背向艇前进方向，通过桨的简单杠杆作用来推动舟艇前进的运动。舟艇上可以由舵手，也可以无舵手。类似舟艇上赛艇动作的运动即使是在机械上或是在陆上的固定设施上，也称为赛艇。

赛艇艇身两头尖而狭长，类似织布梭子，艇内装有带滑轮能够前后移动的活动座板，两侧有桨架。桨柄较长，桨叶形如蒲扇或瓢状。舟艇上可以有舵手，也可以无舵手。

赛艇运动多在江河湖泊等大自然水域中进行，空气清新，阳光充足，受到大自然的沐浴，能有效地提高人体的心血管和呼吸系统功

赛艇运动

能，增强全身肌肉力量，调节神经系统平衡，有利于提高人体的健康水平。赛艇运动员的肺活量在各项体育项目中占第一位，可达 7000 毫升，有人把赛艇运动称为肺部体操。

赛艇比赛开始时，各艇在起航线后排齐。发令员发令后，各艇以最快的速度划向终点，以艇首到达终点的先后判定比赛胜负。在天然水域比赛，天气情况对比赛成绩会产生影响，甚至前后两组比赛时的天气也会发生变化，因此比赛成绩也不具有绝对的可比性。所以，赛艇比赛成绩没有世界纪录。

赛艇比赛

赛艇运动的起源

人类的划桨比赛可以追溯到 2500 年前。在那个年代，划桨主要的技术进步来自于外界的压力，如生存、民族的繁荣、冒险经历以及战争。在腓尼基人和埃及人使划船技术日渐成熟的同时，希腊人第一次将桨以杠杆支点方式固定在船的两边，这种改进能够增加他们划桨的效率，从而为划桨技术的发展提供了一个决定性的因素。

人类凿舟驾船与自然做斗争已有数千年的历史，而作为民间的竞赛活动也有相当长的历史，如印度独木舟竞渡，古埃及的奴隶荡桨和中国的龙舟竞渡等等。这些就是赛艇运动的早期雏形。

作为现代竞技的赛艇运动可追溯到 600 年前的意大利威尼斯划船比赛。但是真正具有规模的大型比赛出现在 18 世纪初期，在英国的泰晤士河上职业船民与当地业余青年的比赛。所以赛艇作为一种竞赛项目，应该是起源于英国。

我国古代的划船运动

我国是世界上造船历史最悠久的国家之一，中国木船的船形丰富多彩，有上千种之多。早在春秋战国时期，我国就已经有"防沙平底船"，这比起欧洲赛艇的雏形——翘首平底船的竞渡要早 2000 年左右。

现代赛艇竞技比赛

东周末期战国时楚国大夫屈原含恨自投汨罗江而死。当时楚国人民因舍不得贤臣屈原死去，于是有许多人划船追赶拯救。他们争先恐后，追至岳阳洞庭湖时不见踪迹，这就是龙舟竞渡的最早期起源。

中国传统的赛龙舟

赛龙舟是中国民间传统水上体育娱乐项目，已流传两千多年，多是在喜庆节日举行，是多人集体划桨竞赛。

公元 1516 年在广州珠江江面曾经举行过 30 条龙舟竞渡的盛大赛事，因此从划船运动来说中国是一个古老而又有漫长历史的国家。

皮划艇的起源

皮划艇运动

皮划艇运动是桨手乘坐一种特制的小艇，由 1 个或者是几个桨手，双手持桨，面向前方划进的一种水上运动。

皮划艇分为皮艇和划艇 2 种，都是两头尖、没有桨架的小艇。皮艇和划艇在船形结构、划桨器材、握桨方法以及技术动作等方面完全不同，因为，皮艇和划艇在竞技运动中存在着相当大的差异：

皮划艇运动

皮艇是人坐在艇内，手握一支两端桨叶约成90度的桨，在艇两侧轮流划水前进，皮艇有舵，通过双脚操纵控制航向；划艇是人的一条腿成弓步在前，一条腿在后跪在艇上，双手握一支形如铲子般的单面桨，在艇的一侧划水前进，划艇无舵，全靠划桨动作控制航行。

皮划艇运动均属于速度和耐力项目，经常参加皮划艇运动可以促进人体心血管和呼吸系统的功能，加大肺活量，增强全身肌肉力量和耐力，是健身锻炼的好项目，深受人们的喜爱。

古代的独木舟

独木舟是人类祖先在原始社会就已广泛使用于渔猎和运输的水上劳动工具，原始的独木舟在世界许多地方被发现过，例如非洲的埃及、南亚的印度和西欧的荷兰。我国是一个历史悠久的文明

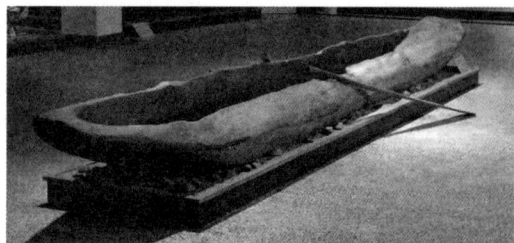

古代独木舟

古国，在我国新石器时代遗址浙江湖州钱山漾、浙江于姚河姆渡、福建连江、广东化州都出土过独木舟或船桨的残骸，这些文物已经有5000～9000年的历史。

几千年来，由于生产的发展和社会的进步，独木舟已慢慢地由其他的船艇所代替，但是在一些偏远的地区独木舟仍有其独特的存在方式，如南太平洋的萨摩亚群岛人、哥伦比亚的海达人、加拿大的印第安人，以及我国西藏、云南、广西等一些少数民族地区至今仍在制造和使用独

木舟，并还会定期组织民间的独木舟竞渡比赛。

其实皮艇和划艇都是由独木舟演变而来的，因此东南亚的一些国家和地区，如日本、韩国、朝鲜、中国香港和澳门等地都把皮划艇称为独木舟。

现代皮划艇运动起源

皮划艇分皮艇和划艇两个项目。

皮艇起源于北美洲格陵兰岛上，爱斯基摩人用动物皮包在木架子上制作的兽皮船。这种船用两端有桨叶的桨在水中划动，它是爱斯基摩人乘坐外出狩猎的基本工具，所以皮艇又叫做爱斯基摩艇。1865年苏格兰的麦克格雷戈（John MacGregor）

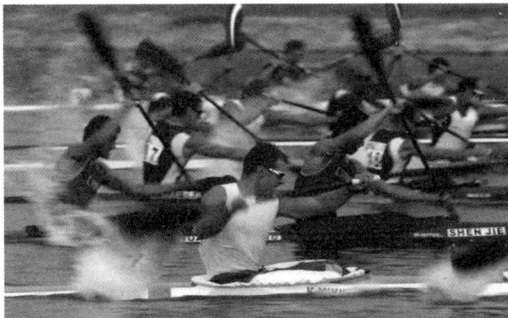

皮艇单人比赛

仿兽皮船制作了1条长4米、宽75厘米、重30公斤的"诺布·诺依"号皮艇，驾艇穿越了瑞典、芬兰、德国、英国。他的行为引起了人们的广泛兴趣，使皮艇在19世纪90年代的欧洲得到广泛开展。

皮艇有舵，比赛时，运动员坐在艇内，面向前方，手持两头带桨叶的桨在艇的两侧轮流划动，依靠脚操纵舵控制航向。有单人艇、双人艇、四人艇和障碍回转项目。

划艇起源于加拿大。因此划艇又叫做加拿大艇。北阿拉斯加以渔猎为生的印第安人将树干掏空，坐在里面用木棍划行，所以又称独木舟。划艇两头尖，艇身短，无桨架，无舵。划桨时前腿成弓步立，后腿半跪，手持一头带有铲状桨叶的桨在固定的舷侧划水，并控制方向。有单人、双人、障碍回转项目。

PART 2 历史发展

赛艇运动的历史发展

国际赛艇运动的发展

泰晤士河上的划船运动

18 世纪初期，英国的泰晤士河上出现了一种职业船民与当地业余青年的划船比赛。在当时仅有 400 万人口的英国，有 4 万职业船民在泰晤士河上谋生，为了生计，船民间进行比赛，产生了业余桨手划船俱乐部，当时划的船，基本上都是船舷桨叉和宽体平底船。

1715 年为了庆祝英国王加冕，伦敦的职业水手首次举行赛艇比赛，并成为了后来英国国王继位仪式上不可缺少的一部分。在这次比赛中，有一位叫做托马斯·道格特的演员创建了一项从伦敦桥到切尔西的年度赛艇比赛，并且为获胜者提供奖金。道格特所创立的这项比赛一直流传到了今天。

牛津——剑桥赛艇对抗赛

1775 年，英国制定了赛艇的竞赛规则，同年成立了赛艇俱乐部。而且还举行了一次规模较大的划船比赛，说是比赛，其实只是一次划船队列的表演。1811 年伊顿公学首次举行八人赛艇比赛。而真正具有竞技体育色彩的比赛是 1829 年开始的牛津大学和剑桥大学在泰晤士河上

英王加冕首次举行赛艇比赛

的比赛。

1829 年，牛津大学、剑桥大学在泰晤士河上举行了首次校际赛艇比赛，而且这项比赛此后成为了两大学府每年一次的传统比赛项目。这是历史上最早的最正规的赛艇比赛。迄今已有 184 年的历史。这次比赛对世界赛艇运动的发展有了深远的影响。

群众对赛艇比赛非常感兴趣，这次比赛观看的人数有数万人，场面非常热闹。以后又逐渐增设了一系列的杯赛，参加比赛的已经不仅仅局限于牛津和剑桥两所大学，除英国之外，有几十个国家派队参加。

1839 年将此比赛项目统一为 8 人艇比赛，同年举办了赛艇杯赛，牛津大学和剑桥大学

第 156 届牛津——剑桥赛艇对抗赛
（左剑桥队，右牛津队）

之间的划船比赛成为了英国人的重要盛会。

1851 年这个传统比赛正式命名为"亨利皇家划船比赛"，同年，法国巴黎出现了第一个赛船俱乐部。从此赛艇运动在欧洲和美洲逐渐开展起来，在不长的时间里，在西方凡有江河湖泊之处，大小赛艇俱乐部林立，各种比赛热闹非凡。

1864 年俄国亚历山大二世捐款建造船库，并成立了"箭头"船艇俱乐部。

随着现代教育的发展，以赛艇为代表的大学生水上运动迅速发展起来，从欧洲、北美等工业国逐渐走向全世界。1890 年英国制定了类似现代的赛艇竞赛规则。

1952 年牛津大学赛艇队在训练

赛艇的演变过程

早在 2500 年前，希腊人第一次将桨以杠杆支点方式固定在船的两边，这样的改进增加了划桨的效率。

随着船艇运动的普及和比赛的频繁举行，船艇的制造也越来越进步。从摆渡与娱乐用的小划子发展到小艇，从小艇发展到舢板，从舢板又发展到轻舟，从轻舟又发展成有桨架的艇。

1846 年英国人在艇舷上安装了桨架，加长了桨的长度，从而，提高了划桨的效果。

1847 年又将重叠版的外龙骨艇改装成平滑的内龙骨艇，提高了赛艇的速度。

1857 年美国的巴布科克发明滑座，运动员划桨时能前后移动，增加腿部力量。

1882 年俄国人将封闭式桨栓改为活动式桨环，提高了划桨幅度。

1886 年出现了无舵手赛艇，而每次赛艇的改革都促使运动员在技术上取得新的进步。

国际赛艇联合会的成立

1892 年，在意大利都灵成立了"国际赛艇联合会"（International Rowing Federation）简称"国际艇联"，英文缩

桨架及活动式桨环

写 FISA，当时有会员 6 个。1922～1996 年国际赛艇联合会的总部由都灵迁到瑞士洛桑，1996 年 2 月重返其诞生地意大利都灵，现有会员 112 个。正式用语为法语和英语，当英文本和法文本发生冲突的时候，以法

文本为准。中国赛艇协会（Chinese Bowing Association）于 1973 年加入国际赛艇联合会。

1892 年举行了第一届欧洲赛艇锦标赛。1962 年在瑞士举行了第一届世界赛艇锦标赛，至 1974 年举办了四届，从 1975 年起每年都举办世界锦标赛（奥运会年度除外）。国际赛艇联合会主办的比赛还有世界青年赛艇锦标赛（23 岁以下始于 1970 年）、世界残疾人赛艇锦标赛、世界杯系列赛和世界老将赛艇比赛等。

世界赛艇联合会徽章

奥运会赛艇发展史

赛艇在世界体坛是一个古老的项目。早在 1896 年第 1 届奥运会已将赛艇列为正式比赛项目，但由于天气恶劣临时取消。1900 年第 2 届奥运会上举行了赛艇比赛，设 6 个单项。但当时的比赛规则不完善，比赛的距离、航道和比赛细则都不明确。1934 年，国际赛艇联合会规定比赛必须在 2000 米的直道上举行，宽度至少可容纳 3 条艇比赛。

由于奥运会设立赛艇项目，并设有较多单项，促使各国对赛艇运动高度重视，推动了这项运动的发展。

历届奥运会赛艇比赛的项目已有多次变化，具体情况详见下表（涂色表示项目的变动）：

年份	届次	1×	2+	2−	2×	4+	4−	4×	8+
1900	2	■	■				■		■
1904	3	■				■			■
1908	4		■	■		■			■
1912	5	■	■		■	■			■
1920	7	■	■		■	■			■
1924	8	■	■			■			■
1928	9	■	■	■		■			■
1936	11	■	■	■		■	■		■

年份	届次	1×	2＋	2－	2×	4＋	4－	4×	8＋
1948	14	■	■	■	■	■	■		■
1952	15	■	■	■	■	■	■		■
1956	16	■	■	■	■	■	■		■
1960	17	■	■	■	■	■	■		■
1964	18	■	■	■	■	■	■		■
1968	19	■	■	■	■	■	■		■
1972	20	■	■	■	■	■	■		■
1976	21	■	■	■	■	■	■	■	■
1980	22	■	■	■	■	■	■	■	■
1984	23	■	■	■	■	■	■	■	■
1988	24	■	■	■	■	■	■	■	■
1992	25	■	■	■	■	■	■	■	■

注：1×、2＋、2－、2×、4＋、4－、4×、8＋，分别表示单人双桨、双人单桨有舵手、双人单桨无舵手、双人双桨、四人单桨有舵手、四人单桨无舵手、四人双桨、八人单桨有舵手。（以下表格同）

女子赛艇项目于 1976 年第 21 届蒙特利尔奥运会上被列为奥运会比赛项目。不仅男子增加了四人双桨，还增加了女子赛艇六项，具体情况详见下表（涂色表示新增项目）：

奥运会女子赛艇比赛项目

年份	届次	1×	2＋	2－	2×	4＋	4－	4×	8＋
1976	21	■		■	■	■		■	■
1980	22	■		■	■	■		■	■
1984	23	■		■	■	■		■	■
1988	24	■		■	■	■		■	■
1992	25	■		■	■			■	■

1996 年亚特兰大奥运会，轻量级赛艇比赛及新规则被引入奥运会，男子、女子同时设立了轻量级赛艇项目，比赛仍为 14 项。具体项目如下表所示（涂色表示设项）：

第 26 届奥运会赛艇比赛项目

项目	1 ×	2 ×	2 −	4 ×	4 −	8 +
男子公开级						
女子公开级						
男子轻量级						
女子轻量级						

赛艇运动在亚洲开展得较晚，1982 年第九届亚洲运动会上，赛艇首次列为比赛项目，同年正式成立了亚洲赛艇联合会。第十届运动会由上一届的 4 项发展为 8 项，到第 11 届北京亚运会又增加了轻量级等项目，项目总计为 14 项。

世界赛艇强国

由于奥运会设立赛艇项目，并设有多个单项，促使各国对赛艇运动高度重视，推动了这项运动的发展。赛艇运动在欧洲较普及，德国、俄罗斯、罗马尼亚技术水平较高，曾多年保持赛艇强国地位。20 世纪 80 年代开始有所变化，奖牌不再被少数国家所垄断，挪威、意大利、新西兰、美国、澳大利亚、加拿大等国赛艇运动进步较快，技术水平也比较高。

男女轻量级比赛从 1996 年第 26 届奥运会正式列入比赛项目以来，引起了各国的重视。这些年来，意大利、英国、西班牙、法国、丹麦、澳大利亚的成绩较为突出。中国也在这个项目上有所突破。2008 年北京第29 届奥运会上，中国选手张杨杨、奚爱华、金紫薇、唐宾四人获得女子四人双桨冠军，这是中国赛艇项目在参赛以来获得的赛艇项目最好成绩，更是获得此项目的首枚金牌，实现了我国赛艇运动历史性的突破。

我国赛艇运动的发展

我国赛艇运动的发源地

赛艇最早传入中国的上海，这与当时上海作为东方最大商贸和港口城市有关。洋人商贾，外国侨民和西方传教士都在上海驻员，很自然带来了富有西方色彩的体育文化，如上海的跑马厅、游泳、篮球、体操、拳击、壁球和划船总会等。

据史料记载，1849 年在上海外滩黄浦江上，外国侨民首次组织划船比赛。到 1860 年西方侨民们在苏州河岸建立了"划船总会"。1906 年"划船总会"又在上海闵行和江苏昆山青阳港建立分部，设有船库、码头等场地设施作为比赛地点。

19 世纪末期，由英国人所建的"划船总会"迁至外滩外白渡桥苏州河南侧（今上海苏州河南路 76 号黄浦游泳池）。

参加"划船总会"的人大多是西方侨民，但也有少数的中国人参加活动。据记载，上海两江体育学校 1935 年曾在昆山青阳港举行的八人赛艇比赛中得过第一名，还有一名叫周家琪的上海青年也曾在嘉兴南湖举行的男子单人双桨比赛中获得冠军。

"赛艇"这一西方近代竞技体育的项目，伴随着西方文化在中国的传播而首先登上了上海滩，因此上海也成为了我国赛艇运动的发源地。

赛艇运动在我国的早期发展

赛艇这项水上运动在我国起步比较晚，1913 年才开始传入中国。新中国成立以后，随着我国体育运动的蓬勃开展，1952 年底在北京的中央国防体育俱乐部，以苏联图纸向哈尔滨内河航运造船场订购 4 条八人赛艇。并与 1954 年 5 月运至北京，但是因为八人艇太长，受到什刹海的限制从而没有组织训练。1955 年，将这八人艇转入颐和园昆明湖。1956 年组织了清华、北大学生进行训练，但是由于场地比较小，只能进行测试比赛，因而没能列入北京市水上运动会。

据相关材料记载，早在 1954 年哈尔滨就应经能够制造八人艇，并在 1955 年 9 月间举行了全市划船比赛，项目有男子单人赛艇和七人赛艇（6 人单桨有舵手），赛距有 100 米、1500 米和 2000 米；女子单人赛艇和七人赛艇 1000 米。1956 年 7 月间举行了第二届划船比赛，比赛项目设有男子单人赛艇 2000 米，双人双桨 2000 米，四人单桨有舵手 3000 米、六人单桨有舵手 5000 米，八人单桨有舵手 3000 米。当时在哈尔滨市有 3000 多名职工在水上运动站练习划船，因此，我国最早开展赛艇运动的是黑龙江省的哈尔滨市。

1956 年 11 月，国家体委在杭州西湖，组织了第一次划船表演赛，参加的单位有上海、杭州、哈尔滨和旅顺，共进行了男、女赛艇 8 个项目。在 89 名男女运动员中，学生和工人占多数。此外，北京、广州和武汉有 16 人参加学习，这次表演赛开创了一年一度的全国主要城市划船比赛。1957 年及 1958 年都举行了全国七城市划船锦标赛。

1958 年 10 月间国家体委又在上海市划船俱乐部举办了全国赛艇教练员训练班，请了国际赛艇联合会技术委员波兰专家罗盖尔讲学，来自全国各地的 54 人参加了学习，为我国培养了第一批教练员。

1959 年第一届全国运动会首次把赛艇列入比赛项目，共有 19 个省市队 423 名运动员（其中女运动员 240 人）在武汉东湖进行了精彩激烈的比赛。这是我国赛艇发展的第一个高潮。

但是，高潮很快就陷入了第一个低谷，19 个单位纷纷跌落，只有湖北、上海、广东、解放军、浙江等少数省市单位保留该项目。1964 年恢复比赛后，成绩提高很快。1966 年在亚洲新兴力量运动会上，我国运动员取得了单、双、四三项的冠军。但是由于十年文革的原因，1966 年后，赛艇运动在我国进入了更深的低谷，各地均被取消了这个项目。

赛艇运动在我国的近期发展

1972 年起我国体育工作开始复苏，上海、湖北、浙江、广东等地率先恢复赛艇项目，1972 年我国成为国家赛艇联赛的特别会员，由此，我国赛艇运动步入了一条开放和蓬勃发展的道路。

1975 年赛艇再次被列入了第三届全国运动会，并开始分派运动员参加国际性比赛，特别是在 1982 年印度举行的第九届亚运会上，我国赛艇队力挫群雄，取得了所有 4 个比赛项目的金牌，从而确立了中国赛艇运动在亚洲的地位。进入 20 世纪 80 年代后的中国不断引进外国先进技术，增加国际间的交往，使我国赛艇技术水平不断提高，连连在国际比赛中获得好成绩。

1984 年第 23 届洛杉矶奥运会上，我国女子四人单桨有舵手艇获得第八名。

1985 年我国轻量级选手，在当年的世界锦标赛上，双人双桨和四人单桨无舵手两项都进入决赛圈，并都获得第六名。

1986 年第 10 届汉城亚运会上，我国男女赛艇选手夺得八项比赛中的七枚金牌和一枚银牌，继续保持了在亚洲的领先地位。

1987 年中国选手罗汉桃、张香娥、鄢东玲、龙君在丹麦哥本哈根举行的世界赛艇锦标赛中，一举夺得女子轻量级四人单桨无舵手的铜牌，这是中国运动员第一次登上世界赛艇的大赛的领奖台。此外，这四位来自中国湖北的姑娘们在四人双桨这项比赛中，还战胜了美国、瑞士、法国等对手，获得世界锦标赛第八名的成绩。

1988 年第 24 届汉城奥运会上，我国女子四人单桨有舵手艇挫败欧美诸赛艇项目强国，夺得奥运银牌，此外，女子八人艇获得铜牌，女子双人双桨获得第五名。同年我国女子选手轻量级四人单桨无舵手艇，在意大利米兰举行的第 4 届世界轻量级赛艇锦标赛中，我国女子运动员梁三妹、张华杰、曾美兰和林志爱力挫群芳，获得轻量级四人单桨无舵手金牌，登上了世界赛艇的最高领奖台，这也是中国运动员打破百余年来欧美运动员的垄断而夺得的第一枚世界赛艇大赛的金牌，也是亚洲摘取的第一枚金牌。从而，中国赛艇走向世界又上了一个新的台阶。

1989 年，在南斯拉夫布莱德举行的世界赛艇锦标塞上，中国选手梁三妹、张华杰、曾美兰和林志爱再次夺得女子轻量级四人单桨无舵手的世界冠军。同年，周秀英、刘稀蓉、胡亚东和曹棉英获得女子公开级四人单桨无舵手的亚军；周秀英、刘稀蓉、胡亚东、曹棉英、何燕雯、郭燕秋、杨海英和李荣华获得女子公开级八人艇季军。

1990 年在我国北京举办的第 11 届亚洲运动会上。在赛艇 14 个项目决赛中，我国赛艇健儿囊括了 14 个项目的全部金牌。

1991 年在奥地利举行的世界锦标赛上，我国女子轻量级四人单桨无舵手第三次夺得世界冠军，女子四人单桨无舵手和双人双桨艇分别获得第四名；而第一次参加世界大赛的男子八人艇，也获得第五名的成绩。中国人又一次在世界赛场上引起了国际赛艇界的关注。对此，一些国际赛艇界的人士还称："中国赛艇水平已经不是发展中国家，而应该属于赛艇强国之列"。

1992 年第 25 届巴塞罗那奥运会上，我国女子双人双桨获得铜牌，女子四人单

梁三妹（中）、曾美兰（左）、
林志爱（右）、张华杰在比赛中

桨无舵手和女子八人艇分别获得第四名和第五名的成绩。虽然没能实现更好的突破，但仍反应出部分项目有能力同诸强国争高低的水平。

1996 年第 26 届亚特兰大奥运会上，我国女子双人双桨获得银牌。此外还获得了一个第五名和一个第八名。

2004 年第 28 届雅典奥运上，虽然没能获得奖牌，但是在女子八人单桨有舵手项目中获得第四名，并且在女子轻量级双人双桨比赛中获得第五名。

2008 男第 29 届北京奥运会，中国赛艇队夺得女子四人双桨金牌（张杨杨、奚爱华、金紫薇、唐宾），这是中国赛艇项目在奥运会上获得的首枚金牌。女子双人单桨银牌（吴优、高玉兰），女子单人双桨第四名（张秀云），女子双人双桨（李勤、田靓）第四名，女子轻量级双人双桨第五名（徐东香、余华），男子轻量级双人双桨第五名（张国林、孙杰）。

2012 年第 30 届伦敦奥运会上，中国选手徐东香、黄文仪获得女子轻量级双人双桨银牌，唐宾、金紫薇、张杨杨、田靓获得女子四人双桨第五名。

中国队唐宾、金紫薇、奚爱华、
张杨杨（由左至右）获得奥运会冠军

相信随着我国赛艇技术的不断发展和进步，在不远的将来一定会有更大的进步。赛艇这项水上运动对于中国体育来说路还很长，需要我们用心去走好每一步。

皮划艇运动的历史发展

国际皮划艇运动的历史发展

"诺布·诺依"号

远古时期的皮划艇，主要是用于狩猎、钓鱼的工具。直到 19 世纪后期，才逐渐兴起。1986 年苏格兰律师约翰·麦克格雷戈根据皮划艇的原形，设计了一条长为 4.57 米、宽为 76 厘米，重 30 公斤的小船，并命名为"诺布·诺依"号，他所设计的这艘"诺布·诺依"号，是封闭式甲板，使用的是双叶桨。麦克格雷戈乘坐着这条由自己设计的小船从 1965～1867 年间相继周游了法国、德国、瑞士等欧洲国家，并编写了《诺布·诺依号千里行》一书，引起了人们的广泛兴趣。很快，麦克格雷戈所仿造的"诺布·诺依"号，风靡了整个欧洲大陆。

近代皮划艇运动的兴起

1867 年约翰·麦克格雷戈所创建的英国皇家皮划艇俱乐部，举办了第一次皮划艇比赛。此后皮划艇运动逐渐兴起起来。1874 年美国的威廉·奥尔登和内森民·毕肖普看到了旅游和划船比赛的发展趋势，便发起组织全国划船（皮划艇）协会，并对船艇的设计和其他有关问题进行了讨论，从而使北美划船运动的娱乐和比赛日益频繁。

19 世纪中期，欧洲赛艇运动已经发展得相当普遍，建立了许多竞赛俱乐部，并进行频繁的赛艇比赛，大大促进了皮划艇运动的发展。

19 世纪末 20 世纪初期，欧洲、北美出现了皮划艇比赛，随着皮划艇运动的广泛开展，在英国、法国、德国、瑞士、美国、加拿大等国相继成立了皮划艇俱乐部或协会。其中最早的是美国1880年所创立的"BCA"和1900年加拿大创立的"CCA"。从此，皮划艇运动就风靡全球，被数以万计的爱好者所推崇。皮划艇自身也正式作为一项现代竞技体育运动项目，在欧洲国家有了快速发展。

1923年由丹麦、德国、澳大利亚、瑞士的皮划艇协会组成工作委员会，起草了国际联合会的章程和船艇设计管理、制造的规定，单人艇长5.2米，最小宽51厘米，这个规定一直沿用至今。这样的举措，也为以后国际划艇联合会的成立创造了条件。

皮划艇的演变过程

在开展皮划艇运动过程中，为了不断提高艇速，艇形、材料等不断得到改进提高。

19世纪末德国工程师赫曼根据自己的经验，将皮艇制造成鱼形，大大提高了艇速。此后，英国造艇专家弗龙德发现船体越长阻力越小，速度也越快，因此造船者纷纷加长船体。

1923年，丹麦、瑞典、奥地利等国组成了一个工作委员会，规定艇的长度为5.2米，宽度为51厘米，一直沿用至今。

1956年，出现了凹形船体。

1960年，横向的凹形轮廓线达到顶点。

1964年，国际划联又制定了"无凹面"的规则，使艇设计标准化。但是人们又设计出菱形皮划艇，

1972年，出现玻璃钢艇。

近年来，又出现蜂窝结构的碳素纤维艇。而美国造船家为提高船速，在皮艇外壳制造厂生产人工鲨鱼皮，其表面有一层平行的"里布勒特"沟纹，这些又细又密的沟纹，能使水平稳地流过，不会形成漩涡，但这种设计未被国际划联通过。尽管如此，这样的精神仍是值得称赞的，因为皮划艇运动必须协调人的技术、运动器材和水的作用这三者的关系。

国际皮划艇联合会的成立

1924 年 1 月，由奥地利、丹麦、德国和瑞士划艇协会发起，在丹麦首都哥本哈根成立了"国际皮划艇联合会"（International Canoe Federation），简称"国际划联"，英文缩写 ICF。

国际划联拟定了代表大会的章程和第一个皮划艇竞赛规则。1946 年 6 月，在斯德哥尔摩召开的代表大会上确定现名。现有协会会员 113 个。正式工作用语为英、法和德语。中国皮划艇运动协会（Chinese Canoeing Association，英文简写 CCA）于 1974 年 10 月 18 日加入国际皮划艇联合会。

国际皮划艇联合会成立初期，只规定皮艇项目的比赛，随着项目的普及和发展，激流皮划艇运动在静水皮划艇运动的基础上发展起来。

奥运会皮划艇项目发展史

1924 年，皮划艇作为表演项目进入法国巴黎举行的第 8 届奥运会，加拿大和美国的运动员在塞纳河上进行了划艇表演赛。

1936 年，在柏林举行的第 11 届奥运会上，皮划艇被列为奥运会正式比赛项目。共进行了 9 个项目的比赛，分别是男子 1000 米单人皮艇、双人皮艇、单人划艇、双人划艇，10000 米单人皮艇、双人皮艇、双人划艇，以及可拆卸的 10000 米单人皮艇和双人皮艇（拆卸式皮艇用木架和水帆布制作，携带比较方便，是由德国发明的。由于速度不如木质艇，所以只在第 11 届奥运会使用过一次，之后就被淘汰掉了）。

第 14 届奥运会，增加了 10000 米单人划艇和女子 500 米单人皮艇。

1960 年在罗马举行的第 17 届奥运会，取消了所有 10000 米距离的比赛，增加了男子 4×500 米皮艇接力和女子 500 米双人皮艇比赛。

1964 年又把接力比赛改为男子 1000 米四人皮艇。

1976 年又增加了男子 500 米单人、双人皮艇和划艇项目的比赛。1984 年洛杉矶奥运会又增加了女子 500 米四人皮艇项目。至此，奥运会皮划艇静水比赛共设 12 个比赛项目。

激流回旋皮划艇项在 1972 年第 10 届慕尼黑奥运会上首次成为正式

比赛项目。由于花费太高，该项目也在慕尼黑奥运会之后马上撤出了奥运会。1992 年第 25 届巴塞罗那奥运会激流回旋赛重返奥运赛场。

世界皮划艇强国

皮划艇运动在欧洲有着广泛的群众基础，历来比赛的优胜者属欧洲国家。德国、匈牙利和苏联等是静水项目的传统强国。

在第 11 届奥运会上，皮艇的强队是德国队与奥地利队，划艇的强队是加拿大队和捷克斯洛伐克队。

第二次世界大战以后，从 1948 年第 14 届奥运会到 1972 年第 20 届奥运会，男子皮艇共有 23 块金牌，其中瑞典队获得 9 块。罗马尼亚、捷克斯洛伐克、苏联和匈牙利的实力较接近。女子皮艇共 11 块金牌，苏联队夺去 7 块。

从 1976 年蒙特利尔奥运会开始，皮艇和划艇都增加了 500 米距离的比赛项目。1976 年、1980 年和 1984 年的三届奥运会上，男子皮艇共有 15 块金牌，苏联夺得 5 块，民主德国与新西兰各 4 块。划艇 12 块金牌中，苏联占 1/3，罗马尼亚与南斯拉夫各 2 块。女子 7 块中，民主德国占 3 块。

1988 年汉城奥运会上，美国和新西兰的男子皮艇冲击了欧洲的一统天下，夺走了 3 块金牌，但是德国、苏联和匈牙利仍保持着强大优势。苏联解体后金牌分布的格局有所变化，而德国的优势更为突出。1992 年巴塞罗那奥运会上，独联体只获得 1 块金牌，而德国却夺取了 6 块。非、欧洲国家只有澳大利亚获得男子 1000 米单人皮艇冠军。1996 年亚特兰大奥运会上，欧洲国家再度称霸划坛，包揽了全部 12 块金牌，其中德国队在多人艇项目中获 4 块金牌。

上述这 3 届奥运会的 36 块金牌，德国获得 13 块，占总金牌的 1/3 还多，尽管在第 26 届奥运会上皮划艇金牌的获得者都是欧洲国家，但人们也同时注意到，金牌已分散到 6 个国家。

在 2004 年雅典奥运上，获得竞技皮划艇运动奖牌的国家明显增加，从 2000 年悉尼奥运会的 19 个国家增加到 24 个国家，其中中国队首次夺取了这项比赛的金牌，取得了 1 枚金牌的历史突破。此外，匈牙利、德国、加拿大、挪威、瑞典、西班牙队瓜分了 11 枚金牌。

　　到了 2008 年和 2012 年近两届奥运会上，获得金牌的国家比 2000
年 2004 年奥运会大幅度减少，但是从 2008 年北京奥运会和 2012 年伦
敦奥运皮划艇项目金牌榜上（如下图）可以看出，当今世界皮划艇竞
争格局正向多极化发展，一个国家包揽多数金牌的情况已经成为历史，
比赛场上的竞争力日趋激烈，群雄争霸的态势已现端倪。尽管如此，从
2008 年和 2012 年金牌榜中可以看到近两届奥运的 32 块金牌，德国获得
7 块，英国获得了 4 块、俄罗斯和匈牙利、斯洛伐克分别获得了 3 块。
德国获得金牌数占总金牌数的 1/4 多，仍然占金牌榜首位，因此德国在
目前皮划艇项目中是最强大的，其次是英国、俄罗斯和匈牙利。

2008 年、2012 年奥运会皮划艇项目金牌榜

届次	比赛项目		金牌获得国
第 29 届 北京奥运会	男子	静水	
		500 米单人皮艇	澳大利亚
		500 米双人皮艇	西班牙
		1000 米单人皮艇	英国
		1000 米双人皮艇	德国
		1000 米四人皮艇	白俄罗斯
		500 米单人划艇	俄罗斯
		500 米双人划艇	中国
		1000 米单人划艇	匈牙利
		1000 米双人划艇	白俄罗斯
	激流	单人皮艇激流回旋	德国
		双人皮艇激流回旋	斯洛伐克
		单人划艇激流回旋	斯洛伐克
	女子	静水	
		500 米单人皮艇	乌克兰
		500 米双人皮艇	匈牙利
		500 米四人皮艇	德国
	激流	单人皮艇激流回旋	斯洛伐克

续表

届次	比赛项目			金牌获得国
第30届伦敦奥运会	男子	静水	200米单人皮艇	英国
			1000米单人皮艇	挪威
			200米双人皮艇	俄罗斯
			1000米双人皮艇	俄罗斯
			1000米四人皮艇	澳大利亚
			200米单人划艇	乌克兰
			1000米单人划艇	德国
			1000米双人划艇	德国
		激流	单人皮艇激流回旋	意大利
			单人划艇激流回旋	法国
			双人划艇激流回旋	英国
	女子	静水	200米单人皮艇	新西兰
			500米单人皮艇	匈牙利
			500米双人皮艇	德国
			500米四人皮艇	德国
		激流	单人皮艇激流回旋	法国

我国皮划艇的历史发展

皮划艇运动在中国的兴起

早在2000年多年前，中国就有了与皮划艇运动十分相似的"划龙舟"比赛，现在皮划艇运动在中国的开展比较晚，于1930年前后才开始传入中国。英国人首先在上海设立了"划船夜总会"，后来俄国人又在东北设立"水上俱乐部"，那时虽然皮划艇运动传入了中国，也成立了水上俱乐部等场所，但是那仅仅是专供外国人娱乐的。

随着皮划艇运动在我国的发展，20世纪30年代，中国广州的珠江上，曾有人划起了皮艇，作为娱乐活动。

1952年底，中国首次制造并生产出了自己的皮划艇。1954年在北京市水上运动会上，设立了男子1000米和女子500米皮艇比赛项目。此后在上海、哈尔滨、武汉、杭州、广州和合肥等市也相继开展了皮划艇运动，这就是皮划艇运动在中国的最早萌芽。

皮划艇运动在中国的发展历程

1958年首次在武汉举行了全国七城市划船锦标赛，将皮划艇列为比赛项目。之后，皮划艇运动在全国得到蓬勃发展。

"文革"期间，皮划艇运动被迫停止开展，直到1972年才开始恢复。

1974年中国加入国际划联。1975年皮划艇正式被列入全运会正式项目，同年中国开始参加世界锦标赛。

从1975年开始，中国不断派出皮划艇运动员参加世界皮划艇比赛，使得中国皮划艇运动员，得到锻炼并迅速提高运动水平。

1989年，在保加利亚举行的第22届世界皮划艇锦标赛上，中国皮划艇运动员旷日忠、王新强获得男子10000米双人划艇第八名。

1900年，在第23届世界皮划艇锦标赛上，中国选手获得女子500米四人皮艇第六名，这使得中国男女皮划艇运动员在世界重大比赛中，开始崭露头角。

1991年，在法国巴黎举行的第24届皮划艇锦标赛上，中国女运动员刘庆兰、宁梦华、汪静和文艳芳，获得女子500米四人皮划艇铜牌。中国女运动员首次登上了世界锦标赛的领奖台，而且这也是亚洲人第一次登上世界锦标赛的领奖台。对此，一位国际划联的美国官员说："本届世界锦标赛最令人震惊的事，就是中国女子获得了铜牌。"

1995年，在德国杜伊斯堡举行的第27届世界皮划艇锦标赛上，中国女子运动员董瑛、冼傍娣、张琴和高蓓蓓又一举获得了女子四人皮艇的银牌，这使中国皮划艇运动在迈向世界的征程中又进了一步。

我国皮划艇运动的奥运发展史

1992年，在巴塞罗那举办的第25届奥运会上，中国运动员首次参加女子500米四人皮艇和双人皮艇项目比赛，分别获得了第5名和第7名的好成绩。

1996年，在美国亚特兰大举行的第26届奥运会上，中国选手获得女子500米四人皮艇第4名，与第三名瑞士队只有0.007秒之差。中国皮划艇运动发展的迅速提高，引起世界划坛的高度关注。

亚特兰大奥运会之后，中国皮划艇运动却进入了低谷。2000年第27届悉尼奥运会，仅有男子划艇运动员孟关良一人取得参加奥运会的入场券。然而，在中国皮划艇队经过精心调整后，近几年来，有了长足进步。

2003年，在美国举行的第33届世界皮划艇锦标赛上，取得了男子划艇单项比赛第4、5、7的名次和女子皮划艇单项比赛1个第4、2个第6名的好成绩，并获得男子500米单人划艇和女子500米单人皮艇、双人皮艇、四人皮艇4个项目第28届奥运会的才赛资格。

2004年世界杯皮划艇比赛中，又一举获得男子双人划艇和女子双人皮艇的2块金牌。之后，在日本举行的亚洲地区参加第28届奥运会皮划艇比赛的选拔赛上，又获得了男子500米和1000米单人皮艇、双人皮艇，女子500米和1000米单人划艇。双人划艇，女子激流回旋单人皮艇等项目的参赛资格。至此，中国皮划艇队总共有12个项目可以进军第28届奥运会。

在2004年举行的雅典第28届奥运会上，中国皮划艇运动员孟关良、杨文军夺得男子500米划艇金牌，实现了中国皮划艇项目奥运会夺冠的历史性突破。除此之外，中国皮划艇队还取得了男子500米单人划艇和1000米双人划艇2项第9名，女子500米单人皮艇第9名、双

我国皮划艇运动员在比赛中（一）

人皮艇第4名和四人皮艇第7名的好成绩。

我国皮划艇运动员在比赛中（二）

在 2008 年北京举行的第 29 届奥运会上，中国皮划艇运动健将，孟关良、杨文军再次获得男子 500 米划艇冠军。成为了这个项目奥运历史上首对蝉联冠军的选手，此外，我国选手陈忠云、张志武还获得男子双人划艇 1000 米第五名，钟红燕获得女子单人皮艇 500 米第五名，李强获得男子单人皮艇 500 米第六名，男子四人皮艇 1000 米第八名，女子四人皮艇 500 米第九名，男子双人皮艇 1000 米第九名的成绩。

虽然在 2012 年举行的伦敦奥运会上中国皮划艇队与奖牌无缘，但是相信在接下来的中国皮划艇项目的道路上，一定会走得更好。

PART 3 竞赛规则

赛艇运动竞赛规则

赛艇比赛项目及规定

单人双桨赛

赛艇比赛项目之一。分男子公开级、女子公开级、男子轻量级、女子轻量级四种级别。其代号分别为 MIX、WIX、LMIX、LWIX。单人艇长 7.80～8.10 米，艇两侧舷外安装对称的桨架，左右各一支桨放在桨架的桨环内，运动员两手各握一支桨的桨

单人双桨

柄划动。单人艇是赛艇运动的基础，要求运动员在维持好艇的平衡的情况下能用力划桨。既可以练习基本技术，又可以作为运动员个人的身体训练，因此初学者都从单人艇开始练习。划桨时运动员背向艇首蹬腿拉臂，利用滑座在滑轨上的前后移动加大划幅。单人双桨艇没有方向舵，全靠两臂划左右桨来调整和控制航向。

双人双桨赛

赛艇比赛项目之一。有男子公开级、女子公开级、男子轻量级、女子轻量级。艇身长约 9.9 米，前后两对桨架，由 2 名运动员划 4 支桨。划桨的方法与单人艇相同，要求运动员步调一致、配合整齐。双人双桨艇也没有方向舵，靠运动员左右两手划桨来调整航向。

双人双桨

双人单桨无舵手赛

赛艇比赛项目之一。有男子公开级和女子公开级两种。艇长 9.9 米，艇身舷外左右各安装一副桨架，前后交错装置。由两名运动员各划一支桨，一左一右。在配合上更要求整齐一致，无论用力大小、桨叶入水和出水的速度、划桨的幅度等都要默契协作。艇尾装有方向舵的瞄准器和拨舵杆钢丝绳。拨舵

双人单桨无舵手

杆由钢丝绳连接在领桨手的脚蹬架上。运动员在比赛时，可以通过瞄准器来检查自己的艇是否在航道上划直了方向。如果发现偏航，可以用脚来拨动舵杆，调整航向。

双人单桨有舵手赛

赛艇项目之一，仅男子一种。艇长 11～11.50 米，桨架前后装置，分左右单边支撑。两人各双手握单桨柄同步划桨。艇首或艇尾有舵手位置，由舵手用软柄舵操纵航向。舵手体重男子不得少于 50 公斤，不到此重量者需加沙袋补足，超过重量者不作犯规论。赛程为 2000 米，以到达终点的先后定名次，是奥运会比赛项目。

四人双桨赛

赛艇比赛项目之一。有男子公开级、女子公开级、男子轻量级三个

级别。艇身长 12.5 米，宽 49 厘米，重 52 公斤。艇尾有用钢索牵引的方向舵，连接于 4 号领桨手脚蹬架的右鞋底上。领桨手如发现偏航，只要转动右脚，即可操纵艇的航向。四人双桨艇的左右舷外桨架上各有 4 支桨，4 名运动员的左右手各握一支桨，要求动作整齐，同步划

四人双桨

桨，其速度仅次于八人赛艇，是赛艇比赛中较精彩好看的项目。

四人单桨无舵手赛

赛艇比赛项目之一。有男子公开级、女子公开级、男子轻量级、女子轻量级四个级别。艇身长 12.5 米，宽 49 厘米，重 50 公斤。左右舷外各 2 个桨架，4 支单桨前后交错安置。艇尾也有由领桨手用右脚操纵航向的尾舵。运动员两手握一支桨，要求动作整齐、用力一致。这

四人单桨无舵手

一项目通常是由八人赛艇中的部分桨手兼项。

四人单桨有舵手赛

赛艇项目之一。分男子、女子两种。艇长 13.5 米，桨架左右交叉单边支撑，艇首或艇尾有舵手位置，由舵手用软柄舵操纵舵向，4 人各双手握单桨柄配合同步划桨。男子项目用男舵手，女子项目用女舵手，男舵手体重不得少于 50 公斤，女舵手体重不得少于 45 公斤，不到此重

量者加沙袋补足；超过重量者不作犯规论。赛程为男子 2000 米，女子 1000 米。以到达终点的先后决定名次，是奥运会比赛项目。

四人双桨无舵手赛

赛艇项目之一，仅男子一种。艇长 12.50 米，艇尾装有钢索软柄舵，由 1 号桨手用右脚操纵控制舵向，4 人双手各握双桨柄配合同步划桨。赛程为 2000 米，以到达终点的先后决定名次，是奥运会比赛项目。

四人双桨无舵手

八人单桨有舵手赛

赛艇比赛项目之一。艇身重 93 公斤，长 17～18 米，相当于 5 层楼房的高度。为了便于运输，已改进设计成为 2～3 段的拆卸型艇身。有男子公开级、女子公开级和男子轻量级三种级别。在艇身舷外左右各安装 4 个桨架，8 个桨架前后左右交错安装。8 名运动员双手各握一支长桨，在舵手和领桨手的指挥下整齐地划桨。舵手的

八人单桨有舵手

座舱在艇首或艇尾，用钢丝舵绳操纵航向。八人艇是赛艇项目中速度最快的，男子公开级比赛 2000 米可以在 5 分 30 秒左右划完，女子也只要 6 分钟左右，是最为精彩的比赛项目。

参赛运动员要求

赛艇比赛男、女轻量级运动员的体重规定

1. 男子轻量级运动员的体重规定

（1）男子单人双桨运动员体重不得超过 72.5 公斤。

（2）一艘艇桨手的平均体重不得超过 70 公斤，每个桨手体重最多不得超过 72.5 公斤。

2. 女子轻量运动员的体重规定

（1）女子单人双桨运动员体重不得超过 59 公斤。

（2）一艘艇桨手的平均体重不得超过 57 公斤，每个桨手体重最多不得超过 59 公斤。

赛艇比赛青少年运动员的有关规定

（1）青少年运动员年龄不得超过 18 岁，到 18 岁那年的 12 月 31 日，即失去了青少年运动员资格。

（2）青少年运动员，每天最多只能参加 2 组比赛。

（3）组与组之间，至少间隔 2 小时。经医生允许，可同意有条件的青少年运动员参加成年组的比赛。

赛艇比赛对舵手的有关规定

（1）男子不少于 50 公斤，女子不得少于 45 公斤，男女青少年平均不得少于 45 公斤。

（2）舵手体重不足时，应增加相应重量的加重物，它必须放在最靠近舵手的地方，且加重物不得超过 5 公斤。

（3）青少年比赛中不能用成年舵手，成年组比赛，舵手没有年龄限制。

赛艇比赛称量体重的时间规定

（1）轻量级运动员，应在每天第一次比赛前 1～2 小时。

（2）舵手，应在预赛（或第一次比赛）前 1～2 小时称量。

赛艇运动员服装的规定

（1）全国性比赛，运动员的服装（包括男、女）必须全队统一。

（2）每个运动员必须穿有本单位标志的上衣。

（3）参加第一次比赛后，如进入下一轮次，不能变更。

赛艇运动员安全和游泳能力的规定

（1）运动员必须按照大会竞赛部门的要求，注意安全。无论是在练习，还是在比赛以及通过终点后，均应沿着规定的航向划行。一旦发生碰撞，由违反操作程序的运动员和单位负责。

（2）无论是舵手、桨手，至少能游泳 200 米以上。各队教练、领队应对该队运动员的健康状况、游泳能力，负全部责任。

竞赛通则

严禁使用兴奋剂规定

（1）在全国性以上的比赛，都必须有严格的兴奋剂检测中心，对运动员进行药物检查或抽查。

（2）对运动员使用兴奋剂者，重者处以禁赛和终身禁赛，轻者取消比赛资格。

赛后检查

（1）多人艇运动员的桨位，在预赛确定之后，不得调换。下一轮赛后检查出调换桨位的舟艇，取消比赛成绩。

（2）划完全程之后，运动员必须接受检查委员会对运动员的组成、舟艇的重量、加重物和其他规定的检查。拒绝检查，则取消该艇成绩。

运动员的兼项和替换

运动员可以兼项。预赛（或 1 次赛）开始前 2 小时，各队可以申请替换桨手和舵手，替换运动员必须遵循：

（1）单人艇运动员不能替换。

（2）多人艇运动员最多只能替换 1/2。

（3）同项目的多人艇运动员不能互换。

（4）不能弃权一项去替换参加另一项比赛。

（5）参加了预赛进入下一轮比赛的运动员，不得替换（特殊情况除外）。

（6）替换者必须是本队已经报名的队员。

起航舟艇数目的规定

（1）全国性比赛，通常采用六条航道。如果报名的舟艇超过了比赛航道的数目，则进行淘汰赛。舟艇少于航道数目时，只进行一次比赛便可以决定名次。

（2）航道的号码顺序，以运动员在航道里面对终点，从左至右依次为1～6道。

（3）如在比赛中，有2艘以上的舟艇同时通过终点，但由于航道数目的限制，不能使他们都参加下一轮比赛时，同时通过终点的舟艇，应重新比赛，以决出参加下一轮比赛的舟艇。这种附加赛的时间，另行通知。一般在每场的最后一组赛完后进行。决赛时，名次可以并列。

航道规定

（1）只有正确起航的舟艇，才准许通过整个航道。

（2）全国性比赛，均应在有航道标志的水域中进行。所有舟艇，应在自己的航道内，如在其他舟艇的航道内划行，任何情况下，都不能影响在该航道正确划行的舟艇，否则，取消比赛资格。

（3）凡两艘舟艇靠近影响划行，或两艘舟艇的桨相碰撞时，都判为聚集犯规，航道裁判应尽可能及时向划出自己航道而有可能引起聚集的舟艇指正航向，如不改变，则警告。经警告仍不执行，并引起聚集犯规者，当场取消其比赛资格。

（4）在比赛中因犯规被取消比赛资格的舟艇，应立即退出比赛。

（5）比赛中，因聚集犯规而影响了某舟艘比赛的成绩时，航道主裁判应及时停止该组比赛，重新起航（犯规舟艇无权参加）。

（6）由于航道上出现的特殊情况使舟艇为了避开它而引起聚集时，不能判为犯规。如果在这种情况下影响比赛名次，应进行重赛。重赛的时间一般在每场最后。

（7）比赛进行中，禁止不参加该次比赛的舟艇穿行终点线或停留在航道中，也禁止任何舟艇在航道外伴随航行。允许停留在航道外（离航道边线5米以外）的舟艇，鼓励比赛者，但不能做指导和妨碍终点裁判的工作。

（8）在没有航道标志的比赛中，原则上依据上述规则执行。

停止划行规则

（1）比赛时，如遇到大风浪或其它特殊情况，航道主裁判有权停止舟艇划行。通知的方式：用连续挥动红旗和大声呼喊"停止"。

（2）某舟艇在没有通知停止划行的情况下而停止的舟艇，则以自动弃权论。而自动弃权者，不得参加下一轮的比赛。

（3）重新比赛的时间，应提前通知各参赛队。

比赛途中的犯规

（1）舟艇出发后，应在自己的航道划行，因故越出自己的航道，而影响妨碍了该航道上正常划行的舟艇，将视被妨碍艇受影响的位置、名次，以及是否仍有取胜机会等情况，而作出适当处理：可以停止该组比赛；可以警告责任艇或该艇的比赛；可以取消责任艇比赛资格。

（2）在途中划行的舟艇，不得为了取得有利的条件而划开自己的航道，否则，将予以警告或取消比赛资格。

（3）比赛途中，不允许伴划，航道外划向起点的舟艇，遇到比赛舟艇时，要主动停下来，否则，将予以警告。

（4）未经航道裁判员通知而自行停止划行的舟艇，不得要求参加下一轮比赛或重赛。

（5）如果两艇均偏离航道而造成互相妨碍，应尽快回到各自的正确航道继续比赛，如果停止划行，则作弃权处理，只有航道裁判员才能判断各艇是否在其本身的航道上。

终点规则

（1）当艇首到达终点线时，表示舟艇划完全程。但舟艇全部通过终点线方为有效。

（2）有舵手舟艇到达终点时，其舵手不在艇上，其成绩无效。任何舟艇如果桨手不在艇上，在规定的时间内通过终点，其比赛成绩仍然有效。

（3）在不影响其他舟艇通过终点或者是不影响终点裁判对名次的判断的情况下，舟艇不在本航道内通过终点也判有效。

起航规则

起航办法

全国性比赛，采用固定起航的办法，最好用稳定的浮桥。条件不具备时，可以用小船和其他工作。但扶船员及辅助人员一定要经过多次训练，操作自如。如因特殊情况不能固定起航时，可采用活动起航的办法。

起航时间

起航时应严格遵守起航时间，起航前 5 分钟，由发令裁判通知参赛各舟艇。起航的口令为"Eres Vous Prers—Partez"预令与动令有明显的停顿，间隔时间约为两秒，在没有发出"Partez"口令时，运动员不得动桨，否则即判抢航犯规，并组织重新起航。连续两次抢航的舟艇（未按时在起航区就位被警告 1 次，与抢航道等同），取消其比赛资格，此时，如果其他舟艇起航正确，可继续比赛，只通知连续两次抢航的舟艇取消比赛资格，令其在不妨碍其他比赛者的情况下，立即离开航道返回。

抢航

在比赛中，每组比赛的抢航总数不得超过 3 次，在第 3 次起航时，如仍有抢航者，所有抢航的舟艇均被取消比赛资格，其余舟艇继续比赛。当抢航后，凡拒绝召回者，取消其比赛资格。

起航前及起航区

起航前，舟艇器材发生问题，可由领桨（后舵手）举手示意，请求适当推迟起航，情况属实，可酌情延迟起航时间，如果情况不实，则警告一次（与抢航等同）。由于运动员本身出席晚而延误，不能作为重新起航的理由。

距起航线 100 米处，为起航区。在起航区域内发生器材损坏，领桨（或舵手）应及时举手示意，经百米区裁判证实后，召回所有的舟艇重新起航，但给器材损坏的舟艇警告一次（与抢航一次等同）。若经航道裁判检查，情况不实，则取消比赛资格。

赛艇竞赛中广告的规定

这些原则适用于舟艇、服装、单桨和双桨。也适用于比赛期间的水面上和靠近颁奖台以及在船台或浮码头上举行任何仪式时的桨手、舟艇和桨，但不涉及综合性运动会。本规定对每个单独的舟艇都适用，也就是说，某国的四人单桨有舵手艇上的桨手服装的广告不必与该国八人艇桨手相同。

一般规定

（1）禁止使用与烟草、烈性酒（浓度大于 15%）有关的所有广告。在单独为少年举办的单项比赛、划船比赛大会和锦标赛中全面禁止与酒精、烟草有关的广告。

（2）广告或制造商和资助人的身份包括名称、商标或产品。所以在选择时，可以显示一个、二个或三个这些成分（但每种成分只能出现一次）。所有成分必须一并放置，不能分开。

（3）广告的背景颜色可与艇体不同，背景的面积也算作广告的面积。背景的形状须为直角的长方形。

双桨和单桨规定

（1）桨叶上只允许出现队名和俱乐部的颜色。

（2）桨杆的舷外部分不能有任何标志或刻字。

（3）桨杆的舷内部分要有制造商和资助人的标志，其大小规格：制造商为 100 平方厘米；资助人为 100 平方厘米，最大高度 5 厘米。

（5）在单桨或双桨上，除了可标明桨的物主身份以外，不能出现别的标志。特别是桨上不能出现国旗等。

在舟艇上

1. 制造商

（1）在舟艇内，允许有一块小装饰板，其最大面积为50平方厘米。板上可写上名称、符号和产品以及舟艇制造商的地址。

（2）在舟艇的外侧，允许有标志物，但在船壳（包括艇舷上缘和防波板）的每一侧只能出现一次，每个标志的最大面积为30平方厘米。

2. 舟艇的名称或资助人的标志

在艇首和艇尾的每一侧，以及艇壳（包括艇舷上缘和防波板）的每一侧只能出现一次，每个标志或广告的最大面积为700平方厘米，如：单人双桨、双人双桨、双人单桨无舵手、双人单桨有舵手比赛中艇的每侧最多出现一次；四人双桨、四人单桨无舵手、四人单桨有舵手比赛中艇的每侧最多出现二次；八人单桨有舵手比赛中艇的每侧最多出现四次。此外艇上的每个标志或广告必须相互一致。

3. 队名和队旗

在舟艇的防波板或艇舷上缘可携带桨手所代表的队名和队旗，但每侧只能出现一次。字的高度不超过6厘米，而队旗的面积不超过60平方厘米。

4. 服装

所有舟艇成员的服装应一致，意指每个舟艇成员服装上的任何标志应在同一部位出现。服装标志有以下规定：

（1）制造商：服装上（不包括帽子、头带和袜子）的每个主要部位应为16平方厘米。

（2）资助人：每个运动员可携带资助人的单位标志，只能在服装上（例如帽子、头带或汗衫等）的一个部位出现一次，其面积为50平方厘米。

划船比赛场地

（1）组织者应将航道上的任何设备或设施所携带的广告物限制到最小程度。在颁奖台或演奏台上不能出现广告。

（2）在全国性比赛中，航道的设备或设施上携带任何广告物的全部详细计划，应报组委会批。

皮划艇运动竞赛规则

皮划艇运动比赛项目

比赛项目类别

皮划艇包括皮艇和划艇，都是两头尖小没有桨架的船艇。皮艇是桨手坐在艇内，使用一支两端桨叶互成约 90 度的桨，在艇的左右轮流划水；划艇则是桨手前腿成弓步，后腿跪着，两手握一支像铲子般的单面桨，在艇的一侧划水。皮艇有舵，由桨手两脚操纵；划艇无舵，全靠桨手的划桨动作控制方向。划艇只设男子项目，不设女子项目。

K 代表皮艇，C 代表划艇，1、2、4 分别代表单人、双人、四人。奥运会比赛项目为 16 个，即男子 12 项，女子 4 项。

1. 皮划艇静水 12 个比赛项目

男子皮艇：500 米单人（K1）、双人（K2）

　　　　　1000 米单人（K1）、双人（K2）、四人（K4）

男子划艇：500 米单人（C1）、双人（C2）

　　　　　1000 米单人（C1）、双人（C2）

女子皮艇：500 单人（K1）、双人（K2）、四人（K4）

2. 皮划艇激流回旋 4 个比赛项目

男子障碍回旋皮艇单人（K1）

男子障碍回旋划艇单人（C1）、双人（C2）

女子障碍回旋皮艇单人（K1）

值得注意的是，在 2012 年英国伦敦举行的第三十届奥运会上，将往届男子静水 500 米单人皮艇、500 米双人皮艇和 500 米单人划艇项目改设成男子静水 200 米单人皮艇、200 米双人皮艇、200 米单人划艇项目。此外男子 500 米单人划艇剔除增设了女子皮划艇静水 200 米单人皮艇项目。仍然保持 16 个比赛项目。

运动项目分类

皮划艇运动是桨手用短桨划动特制的舟艇进行竞速的运动，由静水皮划艇、激流皮划艇、风帆皮划艇、旅游皮划艇、皮划艇障碍回旋、皮划艇马拉松等项目组成。

1. 静水皮划艇

皮划艇运动项目之一，是在静水水域中进行的竞速比赛。国际划联承认的比赛项目有男子和女子的单人皮艇、双人皮艇和四人皮艇，男子单人划艇、双人划艇和四人划艇。比赛距离有男子皮划艇 200 米、500 米、1000 米和 5000 米；女子皮艇 200 米、500 米和 5000 米，

静水皮划艇

总共 31 项。世界皮划艇锦标赛不举行 5000 米距离比赛，共有 24 个比赛项目。奥运会皮划艇比赛只有 12 个项目。比赛通常在天然的静水湖泊或人工湖上进行，分 9 条航道，每条航道宽 9 米，因此可以和赛艇比赛的 6 条长 1365 米航道共用一个场地。如果超过 9 条艇参赛，就要抽签分组，经过预赛、复赛、半决赛和决赛几轮比赛后再决定名次。由于比赛的项目多，又要经过好几轮比赛，因此正规的皮划艇比赛常常要进行四五天。由于风浪等原因，皮划艇比赛结果以公布名次为主，成绩只作为参考，因此目前尚无皮划艇世界纪录。

2. 激流比赛

皮划艇比赛项目之一。激流比赛有男子单人皮艇、女子单人皮艇、男子单人划艇和双人划艇。分团体赛和个人两种，团体赛由一个单位的 3 条艇组成。比赛是在快速流动的湍流中进行的。河道的长度不少于 3

激流比赛

公里，女子单人皮艇和少年比赛的河道可适当缩短。河道沿途有各种天然障碍，如礁石、漩涡、跌水和回流等。规则规定河道的一部分至少有 3 级难度，但整个河水低，使小艇能随着急流冲泻而下。激流运动员用的小艇比一般速度比赛的皮划艇短而宽。如单人皮艇长为 4.5 米、宽 60 厘米；单人划艇长 4.3 米、宽 70 厘米；双人划艇长 5 米、宽 80 厘米。激流比赛时运动员头戴安全头盔，身穿浮力夹克，皮艇运动员还用防水围裙围住皮艇舱口，用桨来控制方向和维持艇的平衡。如果小艇倾覆，运动员可以用桨压水并拧腰使小艇翻转过来再继续划行。比赛开始时运动员间歇 30 秒或 1 分钟相继出发，以计时来决定名次。

3. 障碍回旋比赛

皮划艇比赛项目之一。比赛分个人和团体两种：个人项目有男子单人皮艇、女子单人皮艇、单人划艇、双人划艇 4 项。团体项目的艇种与个人相同，以 3 条艇为一队。障碍回旋比赛的赛程不超过 600 米长，流速不少于每秒 2 米。比赛河道沿途有许多天然和人工障

障碍回旋比赛

碍，其中包括 20～25 个水门。水门的宽度为 1.2～3.5 米，用直径 35～50 毫米、长 2 米的圆竿悬挂在水道的上空。在 20 多个水门中必须有 6 个逆水行驶的回旋水门，最后一个水门距离终点至少 25 米以上。比赛时，运动员必须按规定顺序穿越每一个水门，碰撞或漏掉穿越水门者都

要扣分。障碍回旋比赛用的小艇比激流皮艇更短小，如单人皮艇和单人划艇只有 4 米长，双人划艇只有 4.58 米长。历史上激流和障碍回旋都曾被列入奥运会比赛，1992 年巴塞罗那奥运会曾再次将其列为奥运会比赛项目。

4. 马拉松皮划艇

皮划艇项目之一，是皮划艇运动中的长距离比赛项目。男子最短距离为 20 公里，女子和青少年运动员的最短距离为 15 公里，均无上限；因此有的马拉松皮划艇赛长达 200 多公里。这种比赛往往要分几个阶段，用好几天来完成。比赛可以在江、河、湖、海上进行，也可以在城市间进行。在江河中进行的比赛，沿途

马拉松皮划艇

可以有各种障碍，如水坝、暗礁、回流等，但均须用红黄两色的对角旗来标明航道，途中还可设置 100 米以内的陆上搬运器材的段落，比赛以计算累计的时间来决定名次。比赛的项目有男子单人皮艇、双人皮艇、单人划艇、双人划艇，女子单人皮艇和双人皮艇。另外还有男女混合艇和比较宽的"肥仔"艇。

5. 风帆皮划艇

皮划艇项目之一。是在划艇上装一风帆，实际上已成为风动项目，与帆船相差无几。不过风帆艇器材有专门的制造规定和规格。由于这一项目不如帆船普及，开展的国家已越来越少。该项目从未进入奥运会。

6. 皮划球比赛

皮划球是一项观赏性很强的皮艇运动。比赛场地大小和比赛用球都与水球相同，因此常常在人工游泳池里进行。比赛双方各 5 名运动员各划 5 条皮艇，运动员的桨不仅用来划船，还可以协助两手挺球、运球和抢截球，比赛场地两端的正中空间，有一块 1 平方米的铁丝网板，作为

风帆皮划艇

球门。两队运动员尽力将球投到对方的"篮框"。

7. 旅游艇比赛

旅游艇主要用于旅游和娱乐。旅游艇的结构比竞速艇宽、短且重，一般不易倾翻。为了普及皮划艇运动，东南亚一些国家和地区把这一运动列入比赛项目，与竞速艇运动一起进行。

皮划艇赛制规则

皮划艇的赛制

皮划艇运动有静水项目和激流项目之分。在天然或人工湖面进行的比赛，称静水项目，水面宽90米以上，长2200米，设9条航道，道宽5～9米，用串有塑料浮球的钢索划分。在水流湍急的河道进行的比赛，称激流项目。运动员必须在指定的航道内完成赛程，以艇首到达终点的先后顺序决定名次。分皮艇和划艇两种，1936年被列为奥运会比赛项目，1938年举行首届皮划艇锦标赛。

从2000年第二十七届奥运会开始采取资格赛制度，男子皮划艇和女子皮艇获得奥运会参赛资格的艇数分别为102和32，合计134条艇；获得资格的男子皮划艇运动员为174名，女子皮艇运动员为22名，合计246名。这些资格分配给各国家或地区奥委会而不是直接给运动员。

激流皮划艇项目共有82名运动员获得奥运会参赛资格，另外有2个特邀名额。如果举办国在各个项目上都没有获得参赛资格，剩余的名额将会优先分配给东道主。

1. 静水项目赛制

比赛在静水中进行，各路选手必须严格在自己的赛道内行进。

比赛用船分两种：划艇和皮艇。两种比赛用船的主要区别在于选手划桨的位置和所用划桨的种类。

划艇为开放式船只，选手持单片划桨在曲膝的位置划水。每只划艇可乘一两名选手（C1 或 C2），划桨选手仅限男性。

皮艇为封闭式船只，选手坐在艇内划水，用脚操纵一个机械舵来控制船体。所用的划桨两头均有桨片。皮艇可乘一名、两名或四名选手（K1，K2 和 K4）。奥运会设有男子皮艇赛和女子皮艇赛。

2. 急流回转项目赛制

急流回转赛有四个项目：男子单人皮艇急流回转赛、男子单人划艇急流回转赛、男子双人划艇急流回转赛和女子单人皮艇急流回转赛。选手在动水域要越过设有 25 个障碍门的水道，悉尼奥运会上的水道长 300 米。在每次逆流行进中，选手们至少要穿越 6 个障碍门。

获得包括罚时在内的积累时间最低的选手将成为获胜者。选手每接触障碍门一次，就要被罚时两秒。漏穿障碍门是最糟糕的犯规，每次漏穿要被罚时 50 秒。

皮划艇比赛的商标规定

1. 一般赛会要求

船艇、附属品和衣物可携带商标、广告符号和文字。但是，比赛中有特殊的要求。运动员衣物和装备上的任何广告物应该遵守以下规定：

（1）所有广告物的放置不得干扰运动员身份的辨认。

（2）所有广告不得影响比赛结果。

（3）比赛现场不能出现香烟烈酒的广告。

2. 奥运会特别要求

通常参加奥运会的运动员或其他与会者的运动服或使用的用品上，都不能有宣传物和商业广告，物品或装备的标志除外，标志的总面积不得超过 9 平方厘米。

名次"标志"指的是姓名、名称、商标、标识语或厂商的任何其他特有符号。每条不应该出现一次以上。

运动员和所有持官方身份证者的制服可以包含以下旗帜：

（1）该国 NOC（国家奥委会）有奥林匹克徽章的旗帜。

（2）征得 COOG（奥运会组委会）的同意后，使用有奥林匹克徽章的旗帜。

（3）征得 COOG（奥运会组委会）的同意，ICF（国际教练联合会）官员可穿制服和佩戴国际协会的徽章。

皮划艇运动员参赛规则

皮划艇静水比赛运动员奥运会参赛资格与参赛人数

1. 国家奥委会运动员参赛数量限额

皮划艇静水的 246 个名额中，男子 174 人，女子 72 人。

2. 每个国家奥委会的最多参赛艇数

各国家可以获得参加各个项目级别比赛的资格，但每个级别最多一条艇的资格。

3. 资格的分配归属原则

（1）参加比赛的资格是分配给各国家奥委会和一定的船艇，而不是直接给运动员。

（2）在资格竞赛中，是艇而不是运动员获得奥运会的参赛资格。它就是说并不是参加资格赛而且获得船艇资格的运动员就可以参加奥运会，而是依靠各国家奥委会的选拔，一个不同的组合也许可以参加比赛。

（3）运动员的提名完全取决于各国家奥委会的决定。

（4）参加资格赛并获得某条艇资格的运动员组合可以全部改变。也可以部分改变。

（5）在奥运会比赛中参加比赛的运动员并不是强制性的必须是当初参加资格赛并获得资格的运动员。

（6）资格获得以后，参加与否、参赛的具体运动员问题完全取决于各自的国家奥委会。

4. 参赛运动员资格要求

要想能够参加奥运会，运动员必须遵守奥林匹克宪章、得到国际奥委会同意的国际皮划艇联合会规则，同时必须得到各自国家奥委会的批准。

根据奥林匹克宪章第 45 条规定，所有的运动员在奥运会比赛中都应做到：

（1）尊敬公平竞争和非暴力精神，在各自的比赛项目中认真执行。

（2）不准使用国际奥委会、国际皮划艇联合会和国家奥委会所禁止的物质和程序。

（3）尊敬并且遵守国际奥林匹克的反兴奋剂条例。

（4）除非得到国际奥委会执行委员会的允许，参加奥运会的任何运动员在奥运会期间，不准以其本人、名字、照片或比赛表现进行广告目的的宣传。

（5）运动员参加奥运会不得以任何经济目的为条件。

（6）任何参赛的运动员，必须是让其代表参赛的国家的国籍。所有有关在奥运会比赛中运动员所代表的国籍的争议，都应当由国际奥委会执行委员会来解决。

5. 运动员的参赛资格获得原则

（1）为了获得某个项目的参赛资格，运动员必须有能力在特定的资格赛中去为各自的国家联合会和奥委会去竞争。

（2）每一个获得参赛资格的运动员，必须参加奥运会的比赛。

（3）以替补运动员的身份参加奥运会的比赛是不允许的，除非得到国际皮划艇联合会的同意。

（4）一个运动员可以参加不只一个项目的比赛，这是国际皮划艇联合会静水竞赛规则所允许的，所以，一名参赛运动员可能是另外一个项目的替补队员。

（5）在所有获得参赛资格的运动员范围内，国家奥委会有权使其参加同一项目未获得资格的比赛。

皮划艇激流回旋比赛运动员奥运会参赛资格与人数

1. 参赛项目

男子单皮、单划、双划；女子单皮。

2. 国家奥委会运动员参赛数量限额

男子 63 人，女子 19 人，共 82 人。

3. 每个国家奥委会的最多参赛艇

每个项目最多报 2 条艇。

4. 资格名额

资格赛名额是分配给各国家奥委会的艇而不是具体运动员，在奥运会中不可能报替补运动员。

5. 奥运会参赛资格

每个运动员必须代表他的国家协会和国家奥委会参加资格赛，在第一次资格赛中已经为其国家奥委会取得参赛资格的运动员，仍可以参加第二次资格赛，但是每个运动员只能为他的国家奥委会在一项比赛中获得一个参赛资格。只有参加第一和或第二资格赛的艇符合参赛资格。

皮划艇静水竞赛规则

检查船艇上下水规则

（1）船艇下水前要核对运动员名单或会员证，发给航道牌。

（2）对每条下水参赛舟艇是否有合格证、航道牌、加重物、运动员的队名及服装标志和该队申报服装颜色一致。

（3）检查船艇表面是否涂有增加艇速的物质和是否有不准携带的无线电通讯设备、测速仪、电动抽水泵等仪器。

（4）参赛艇通过终点后应迅速有序地回码头交还航道牌，复查将进入下一轮比赛的船艇。

出发

（1）应通过抽签方式决定起航点各艇参加预赛的道次。第 1 号艇应在左边，然后是第 2 号艇。依次排列。

（2）需要进行预赛的比赛，每项预赛应分别抽签。

（3）运动员应按时进入起航区，以便做好起航的准备工作。起航应不受任何缺席者的影响，各艇在起点的位置应使参赛艇的船头处于起航线上。

（4）艇必须固定。

（5）发令员应喊"还有 10 秒钟出发"，以通知运动员剩余的出发时间。在发令员感到满意时，即鸣枪发出起航信号或短而有力的声响。

（6）在长距离比赛中，发令员应宣布"离起航还有 1 分钟"，当他满意时，即鸣枪发出起航信号或短而有力的声音。

（7）起航信号也可以直接喊"GO"。

（8）若发令员对起航线的排列不满意，即喊"停止"，并通知取齐员重新调整船艇的位置。

（9）若在口令"离比赛还有 10 秒钟"或"1 分钟"喊出之后，起航信号发出之前，运动员开始动桨，则为抢航。

（10）发令员应立即鸣两枪，并警告犯规的运动员。若同一运动员抢航两次，发令员必须取消其比赛资格。发令员只对抢航的船艇或运动员发出警告，继而取消其比赛资格。

中断比赛

（1）若出现预料不到的情况阻碍比赛，航道裁判员有权中断比赛。用红旗和声音信号中断比赛，运动员必须立即停桨，并等待进一步的通知。

（2）若已宣布一次比赛无效，在重新出发时，不得改变艇上运动员的组成。

（3）若发生翻船，靠外来帮助才进入船艇的运动员或艇将被取消比赛资格。

带划和借浪

（1）不允许带划或接受非参赛艇或任何其他方式的帮助。

（2）当比赛进行时，严格禁止非参赛的船艇进入整个或部分航道，甚至浮标外区域。

（3）在 1000 米以内的比赛中，运动员必须在从起点至终点的本航道内划行。他们应尽可能地保持在其航道的中心线上。无论从哪个方向，一条艇与另一个运动员的距离都不得小于 5 米。

（4）在 1000 米以上的比赛中，运动员可以偏离自己的航道，但不能影响其他运动员。

（5）在长距离比赛中，当每个运动员到达离终点线 1000 米处，将以声响信号（如铃铛）提醒运动员。

转弯

（1）当比赛在带有转弯点的航道上进行时，船艇应从左舷通过转弯点（即逆时针方向）。

（2）绕过转弯点时，若内航道船艇船头与外航道船艇座舱前缘至少处于平行位置时，外航道的运动员必须给内航道的运动员留出空间。对于 K2 和 K4 来说，都是指最前面的座舱。

（3）C1 是指与前一个运动员的身体平行，C2 是指与最前一个运动员的身体平行。

（4）比赛船艇碰撞弯道浮标，除非弯道裁判员认为运动员从中得到好处，一般不判运动员犯规。转弯时，船艇在转弯点应尽可能地靠近由浮标标出的航道行进。

超越

比赛中，当一条划艇或皮艇正在超越另一条划艇或皮艇时，超越艇有责任始终避开被超越的艇。另一方面，被超越的船艇，不可改变航向给超越的船艇制造困难。

碰撞或损伤

对于任何对船艇的碰撞有责任的，或损伤划艇或皮艇或桨的运动员，应取消其比赛资格，同时还要承担损失的费用。

终点

（1）载有所有运动员的船艇一旦船头越过终点线，船艇即完成了比赛。

（2）如果两条或两条以上的船艇同时到达终点，则他们在决赛中的名次相等。在涉及是否进入下一轮比赛的预赛中若出现名次并列，则采用以下规定：

①如果下一轮比赛有足够的航道，则用抽签方式决定这些船艇进入那个小组。若有可能，也可以使用第 10 航道；②如果下一轮比赛的航道不够，有关船艇应当重赛。重赛时间应为当天，或半天的最后赛次结束后 1 小时重赛；③如果重赛时出现名次相同的情况，可使用抽签方式决定名次。

气象规定

规则规定，在比赛期间，大会组委会要为参赛队提供每天的气象预报，包括每日气温、降水量、湿度、能见度、风况（风速和风向）。

成绩公布

比赛实时公布成绩通过显示屏和播音同时进行，文字成绩公布也张贴在成绩公告栏供教练、运动员等观看，同时正式投放到各领队信箱。

另外，在锦标赛结束后 30 天内，主办国协会应将比赛成绩寄给国际划联秘书长和各参赛国。

规则强调，记录和公布的时间必须精确到 1/1000 秒。

皮划艇激流回旋竞赛规则

竞赛目标

运动员在皮划艇激流回旋比赛中力求用最短的时间正确无误地通过一段设有水门的湍急河道。

国际比赛

由一个联合会或其附属协会举办的比赛，如有外国选手应邀参赛，均被视为国际比赛，国际比赛必须按照国际划联规则举行。国际比赛必须由至少一名激流回旋国际裁判（HSL）监督举行。上述官员由激流回旋委员会主席从组委会推荐的候选人中指定。

国际比赛分三类：

A 类：仅限国家队参加——各协会每个项目最多可报 6 条艇。

B 类：仅限国家队参加——由主办国邀请，各协会每个项目最多可报 6 条艇。

C 类：对所有协会开放——参赛者人数由组委会决定。

A、B、C 三类比赛运动员的出发顺序由组委会决定。

运动员的要求

只有国际划联会员协会的会员有权参加国际比赛。

运动员可以以个人身份参加国际比赛，但必须得到其所属国协会的批准。如得到其所属协会的同意，运动员可代表其现居住国协会参赛。许可证明必须在赛前一年的 11 月 30 日前送至国际划联总部和激流委员会主席处。

如运动员在另一国居住两年或两年以上，他参赛无须征得其原所属协会的许可。

运动员在同一年只能代表一个协会参赛。但在运动员离开原居住国与另一国居民结婚的情况下，运动员无须在新的国家居住满两年便可代表其现居住国协会参赛。

15 周岁至 18 周岁的运动员可参加青年比赛。运动员 35 岁起可以参加精英赛，精英赛 5 年为一年龄组，例如 35～39 岁、40～44 岁年龄组、45～49 岁年龄组等。参加各年龄组比赛的运动员不能超龄，第一年龄组中运动员最高年龄为 39 岁。

国际比赛计划

每年 8 月 1 目前，各个协会必须同时向国际划联总部和激流委员会主席上报其准备在第二年举行的国际比赛计划。

该比赛计划应包括比赛日期、国家、地点和比赛类别（A、B、C类）。

各个协会上报的比赛计划在 9 月 30 日之前可作出修改。在此日期之后，比赛计划不得更改，并报送国际划联秘书处以备公示。每年 11 月 1 日国际划联通过公告或特别通知公布国际比赛日程。

最少参赛人数：单项或团体项目必须至少有来自 2 个协会的 3 名运动员或 3 个队报名才能举行；参赛的 3 名运动员或 3 个队未能完成比赛

并不影响比赛的有效性。

国际比赛类别：男子皮艇、女子皮艇、男子划艇。单项包括：

女子单人皮艇（WKl）

男子单人皮艇（MKl）

男子单人划艇（C1）

男子双人划艇（C2）

运动员只能参加一个单项比赛。团体项目包括：

三条女子单人皮艇（3×WKl）

三条男子单人皮艇（3×MKl）

三条男子单人划艇（3×C1）

三条男子双人划艇（3×C2）

团体赛各队只能由参加单项的运动员组成；每个运动员只能参加一项团体比赛；每个运动员可以参加与其所报单项不同的一个团体项目；如团体比赛分为两轮，则两轮之间可以更换队员；团体赛中只能更换一名运动员；换人情况必须以书面形式通知起点裁判。

在A、B、C三类比赛中，由主办国决定是否同时进行任何一项或全部青年项目比赛。

奥运会特别规则

奥运会激流比赛的日程安排、参赛要求及邀请书，按国际奥委会要求制定。在其他细节方面则以国际划联的技术规则，特别是赛事的特殊规则为准。

航道规则

1. 出发规则

如组委会安排，可在赛前进行一次正式训练，此训练不是必需程序。正式训练的第一个出发者（如有的话）应在赛场被批准至少20分钟后再出发。出发可任选顺流方向或逆流方向，但不能与水流形成角度。在出发位置要由一名扶船员握住每条艇协助出发，且只允许静止出发。

在团体赛中，在第一条艇启动记时之前，第二、第三条艇必须静止（最好被握住不动）。必须无条件服从起点裁判的指示。在单项比赛中，出发间隔至少45秒。在团体项目比赛中，出发间隔至少90秒。只有起点裁判有权决定运动员是否抢划并以适当信号召回抢划者。

2. 终点规则

终点线须在赛道两边清楚标记，运动员通过终点线后则完成该轮比赛。一轮比赛中运动员不允许两次通过终点线，不然将可能被取消参赛资格。团体赛中，三条艇必须在15秒之内相继通过终点线。

3. 水门标记

水门由两根悬垂的门杆组成，顺水门杆漆成5段绿色，5段白色。逆水门杆漆成5段红色，5段白色，最下面的一段均为白色。门宽指两门杆之间的距离，其距离在1.2米至3.5米之间；门杆为圆形，长2米，直径3.5厘米至5厘米，有足够的重量，刮风时不会有大的摆动；门杆下端距水面约15厘米高，不被水触动。必须按通过的顺序将门编号；门号牌为30厘米长，30厘米宽，底色为黄或白色，两面用黑漆写上20厘米高，2厘米宽的号码和字母。牌子与正确过门方向相反的一面要画一条从左下角到右上角的红色斜线。裁判员在其所处位置应能看清自己负责判罚的水门的牌号。

4. 通过水门

（1）必须按照号码顺序通过各个水门。

（2）必须按门号牌标出的正确方向过门。

（3）所有水门的设置必须保证运动员可以采用规则允许的任意方式从正确方向通过。

（4）如下情况视为运动员开始过门：

艇、桨、运动员身体触到门杆，或者运动员（双划中任一名选手）的头部通过两个门杆之间连线；运动员开始通过下一水门或通过终点线时，算完成某一水门的过门动作。

（5）必须符合下列条件才能被认为是正确过门：

运动员的头部必须按照赛道和水门设计的正确方向通过两个门杆之

间的连线；

艇（或部分艇）必须在运动员的头部过门瞬间同时通过两门杆之间的连线；

正确过门且身体、桨或艇未触及门杆是一个完美的过门。

5. 罚分

（1）罚 0 分：正确且完美过门。

（2）罚 2 分：正确过门但碰了一侧或两侧门杆，反复碰同一个门杆或两侧门杆只罚一次分。

（3）罚 50 分：

未正确过门，触及门杆（一个或两个）；

有意推杆以便通过（如运动员身体和艇已经处在理想的过杆位置时不算有意推杆）；

运动员身体（C2 中的任一名运动员）头朝下通过门杆；

过门时，头的任意部位都不允许以错误方向通过门杆连线；

漏门：运动员开始通过下一水门或通过终点线时，可判定其是否漏门；

团体赛时三条艇未在 15 秒内通过终点线；

在杆下面通过而未碰杆不予罚分；

反复试图过门但未碰门杆，如运动员身体未过门杆之间的连线不予罚分；

运动员在一个水门的罚分最高为 50 分；

任何时候如出现疑问而难以判断时，判罚都应有利于运动员。

6. 水门裁判的信号

圆牌信号一般用于向观众公布罚分情况，两面标有黑色数字 2 或 50 的的黄色圆牌（卡），两个黄色圆牌，两面分别标上 2 和 50。按照下列规定出示信号牌：完美过门，无信号；过门时罚分，根据罚分举起 2 或 50 的黄牌，并保持一定时间；取消比赛资格或被淘汰时举起红牌，向两边挥动。

7. 清理赛道

当前一名运动员被后面运动员超越时，如分段裁判反复吹哨，他必须让道；试图超越的运动员必须以正确的动作过门，因漏门而超越其他运动员，不得妨碍其靠近的运动员；如运动员被他人阻碍，在裁判长同意后可以重划。

8. 桨的丢失和折断

桨折断或丢失时，运动员只能使用艇上的备用桨；团体赛时，同队运动员可以互借备用桨。

9. 翻艇

当艇底向上，运动员（C2 中任一运动员）离开艇时可视为翻艇；爱斯基摩翻滚不是翻艇，在团体赛中同队选手可互相帮助完成爱斯基摩翻滚。

成绩规则

1. 记时

一轮比赛所用时间可按如下计算：

从运动员身体第一次通过起点线到运动员身体通过终点线为止（C2 以前一名运动员过线为准）；团体赛中，时间从第一条艇出发到最后一条艇到达为止；记时至少准确至 1/100 秒，成绩按最接近的 1/100 公布（例如：划行时间 1′30″05，记分为 90.05 分）。

2. 成绩的计算

用下列公式计算成绩：两轮比赛时间（以秒为单位）＋罚分＝成绩。

例如，每轮比赛单项成绩计算：比赛时间为 2′20″82 ＝ 60 ＋ 60 ＋ 20.82 ＝ 140.82

罚分：2 ＋ 2 ＋ 50 ＝ 54

总计：194.82 分

每轮团体赛成绩计算方法：

第一条艇出发到最后一条艇到达的时间间隔。

例如，比赛时间：2′20″82 ＝ 60 ＋ 60 ＋ 20.82 ＝ 140.82

第一条艇罚分＝104

第二条艇罚分＝154

第三条艇罚分＝56

总计：454.82 分

3. 成绩的公布

规定为主记分员计算比赛结果并予以公布。

单项或团体项目比赛成绩算出后，组委会应立即公布运动员的号码、罚分和比赛时间，并在提交申诉时限内贴在指定位置。

4. 成绩的并列

如两名或多名运动员（队）成绩相同，任一轮成绩最好的运动员排名靠前；如仍然相等，则运动员名次并列。

抗议与申诉

1. 提出抗议

对运动员参赛资格的抗议应最迟于赛前 1 小时提交竞赛委员会成员。只有当抗议发出协会的官员证明抗议所涉及的事实确为赛前 1 小时之后获知时，在赛事举行之日起 30 日内的抗议才允许受理。在如下情况可对抗议予以考虑：

（1）抗议由领队以书面形式提出。

（2）抗议在该项最后一名运动员成绩贴出后 20 分钟内提出。

（3）抗议由领队亲自交给裁判长，并附上 25 美元或等值的主办国货币。如抗议成立，此笔费用退还。

（4）如抗议不成立，此笔费用转交组委会。

如出现下列情况，可对裁判员的决定提出抗议：

（1）裁判对过门情况观察不良或未观察到。

（2）判决存在可能的或明显的错误。

（3）比赛时的判罚行为明显不规范。

（4）裁判长应评估抗议的合法性，听取有关裁判陈述，并将争议中的相关细节告知本人。不得使用录像设备复查比赛细节并提出疑义，裁判长应将抗议结果以书面形式通知有关各队。

（5）如裁判长认为合理，了解事实的真相或技术错误可以被视为简单提问（不收费）。

2. 向竞赛委员会申诉的"规定动作"

向竞赛委员会作出的申诉要由领队书面提出。向竞赛委员会提出的申诉应附上 25 美元用或等值的主办国货币。如申诉部分或完全成立，该项费用退还；如申诉不成立，该项费用转交组委会；如认为裁判长的裁决与规则相悖，可以向竞赛委员会提出申诉；不可就比赛细节向竞赛委员会提交申诉；在比赛中向竞赛委员会就裁判长的决定提出的申诉最迟在公布决定后 20 分钟提出；在比赛开始至少 1 小时前向组委会就运动员参赛资格提出的抗议，如未得到有关答复，可向竞赛委员会提出申诉；对运动员参赛资格问题的决定有异议时，可在比赛开始前向竞赛委员会提出申诉；如有合理申诉需要处理，竞赛委员会主席必须立即召开竞委会会议；竞赛委员会必须在会议开始后 60 分钟内公布相关会议决定，竞赛委员会要以书面形式将合理解释通知申诉者；竞赛委员会在作出决定前要征求裁判长、裁判和其他相关官员意见。

3. 提出申诉

参赛协会如在赛后得知一些足以证明某些运动员没有参赛资格的事实时，可向国际划联理事会提出申诉；运动员有权通过其所属协会就比赛时竞赛委员会作出的决定向国际划联理事会提出申诉；国际划联理事会可决定是否优先考虑有关申诉；向国际划联理事会提出的申诉应于有关比赛结束后 30 天内提出，同时附上 25 美元的申述费用。国际划联理事会作出决定后应以书面形式通知申述人。

4. 被取消资格

（1）如一名运动员企图利用不正当行为赢得比赛，违反规则或拒不执行规则时，将被取消参赛资格。

（2）如运动员因其他运动员的行为而被迫犯规，竞赛委员会可决定是否取消其比赛资格。

（3）如运动员使用不符合规定的艇出发，则取消其该轮比赛资格。

（4）如运动员接受了外界帮助，裁判长在接到有关裁判的反映后可取消其比赛资格。

按此条规定，下列情况可视为"外界帮助"：

给运动员或其艇的所有帮助；将备用桨或其丢失的桨提供、传递或掷给运动员；运动员的艇被他人牵引、推进或移动；用电子声控或无线电话（即指运动员和其他人之间）给运动员提供指导。

（5）运动员离开艇则被取消该轮比赛资格；如团体赛中一人离开艇，则整个队被取消该轮比赛资格，必须立即离开赛道。

（6）翻艇后，运动员不允许有意通过下面的水门，否则将被取消比赛资格。

（7）运动员由于疏忽而未按竞赛日程作好出发准备可取消其资格。

（8）运动员头朝下通过终点线则取消其该轮成绩，身体完全浸入水中视为头朝下。

（9）任何运动员或裁判的行为影响了比赛的良好秩序，裁判长可对其进行处罚，竞赛委员会在有关人员重复错误不改时可取消其参赛或裁判资格。

看来参加激流回旋皮划艇比赛还真的需要牢记规则，被取消资格的可能还挺多的，当然，还要在裁判面前闻错立改。

PART 4 场地设施

赛艇运动场地设施

竞赛场地、设施

比赛航道

赛艇比赛比赛必须在静水水面上进行。从起点到终点，应是同样宽度的航道。

长度：2000 米直道，终点线后最少有 100 米无障碍水域，最好有 200 米的缓冲区，起航线后最少留有 25 米无障碍水域。

宽度：162 米，设 8 条航道，每道宽度 13.5 米，比赛用 6 条。

水深：最佳 3.5 米，整个 8 条航道水深要一致，水底如平整应不少于 3 米。

水域条件：航道方向要选赛季主导风向纵轴一致静水无流速、杂草、暗桩、暗礁，应尽可能避风，在紧靠岸边附近，不应有容易造成水面不平等风向影响条件的自然或人工障碍物（如树林、建筑物等），比赛不应受天然和人工浪的影响，航道的两侧和两端均应有消浪条件。

人工挖掘的航道，还应建第二条辅助航道（通常称副航道），其长度与主航道相同，宽度至少要有 3 条赛道宽，最好有 80 米宽，长 2200 米，比赛时，除做参赛艇去起点通道外，还可供比赛和非比赛艇做训练用。

航道由串联在一起的浮标区分。浮标的间隔为 10 米或 12.5 米，直径不得超出 15 厘米。由强力塑料以固定圆型钢模子制成，具有一定的柔软性和弹性。浮标每个 10 米用夹子连接在纵向钢丝绳上，以保证浮球间隔距离位置正确。整条航道上的浮标颜色呈规律分布。浮标从起点至 100 米为红色，从 100 米后至 1750 米为橙色或白色，从 1750 米后至终点为红色。在整个赛道两侧每间隔 250 米应有明显的距离标志。在起航线和终点线上不设浮标。

起航区

赛艇比赛的场地设施，又称为断桨区。赛艇比赛在起航时较为激烈，运动员通常都全力以赴，力争出发领先。在这激烈的竞争中，船艇从静止到快速启动，很容易出现赛艇器材损坏事故，特别是出现断桨现象。为此，国际比赛规则规定，在出发后的 100 米以内，赛艇器材如出现损坏，运动员可以举手向裁判员示意。发令员发现运动员有意外情况，即摇铃并挥动发令旗，召回全部比赛艇。经航道裁判员检查确系器材损坏，可由发令员重新组织起航出发。起航区的标志是在离起点 100 米处的航道两侧有两面白旗，同时阿尔巴诺航标系统的这 100 米内用红色的浮标。在起航区的一侧有一名持红旗的裁判员，他的职责是确定赛艇器材损坏是否在 100 米内。如果是 100 米内某赛艇运动员举手示意器材损坏，裁判员应立即举起红旗，通知发令员。如在 100 米外出现器材损坏，裁判员则不再受理。

阿格苏出发系统

阿格苏出发系统又名"取齐控制器"，简称起航器，是赛艇比赛的专用器材设备。这种控制器在每一条航道的起航线上有一个单臂挡板，挡板呈凹形。出发前运动员将船头顶在挡板凹陷处排齐，在音响出发令下达的同时，挡板向水中下坠。如果抢航，则船头顶向挡板弹回，避免过去抢航人工扶船现象。取齐控制器是电动液压装置，最先用于皮划艇比赛，1995 年引进赛艇，并于 1996 年亚特兰大奥运会上正式使用。

此系统采用的是灯光发令方法，在每个出发台上都装有红、绿两盏灯，当发令员发出"Attention"（注意）时，红灯亮起，发出出发信号时，绿灯亮起，比赛开始。

阿尔巴诺航标系统

赛艇比赛场地的专门设施。1960 年第 17 届奥运会赛艇比赛在罗马阿尔巴诺城举行，首先采用了全程 2000 米浮标分航系统。这种航标系统的特点是在 2000 多米长、100 多米宽的湖面下，用 7 根钢索架成 6 条航道，在每根钢索上间隔 10～12.5 米处有一浮标浮出水面。浮标用醒目的橘黄色，其直径不超过 15 厘米。在 2000 米比赛航道上，每隔 250 米都有一个不同颜色的浮标。临近终点线的 250 米，全部浮标均为红色，以标明最后一段赛程。阿尔巴诺航标系统使整个比赛水域就像游泳池中泳道一样清晰可见，使比赛更加公正、合理。

发令塔

发令塔设置在航道中心上，在起航线后 40～50 米的距离内，发令塔平台离水平面不低于 3 米，最高不超过 6 米，上有遮阳避雨篷，视野必须保证发令员能清楚地看到整个起航区，包括起航裁判工作室。发令塔必须设有 1 个大钟，使在航道上的参赛队都能清楚地看到时钟，有广播设备，发令员可随时向运动员通报剩余时间，或起航推迟和改期。发令塔上还应设置一个大公告牌，公告更改后的起航时间等。发令塔上要安装有线电话或报话机与起航裁判、终点裁判、检查裁判、总裁判长、仲裁委员会主任保持直接的通讯联络。

起航裁判工作室

起航裁判工作室离水面高于 2 米，可容纳 4 人。离开第一道应不少于 15 米，不多于 30 米。工作室应防雨日晒，起航裁判能清晰看清起航线运动员动态和发令员发出的讯号，起航裁判用无线电话与起航浮桥上戴耳机的扶船裁判员保持联络。工作室必须备摄像机和监视器，以监视起航。

起浮桥

赛艇比赛的专门设施。为保证每参赛艇顺序在起航线上排列整齐，必须用起航浮桥，起航浮桥应牢固地稳定在每条航道中央并能前后调整、移动，以适应不同类型的船长度（8～18米），因此起航浮桥结构必须牢固安全地锚牢，即使在恶劣的气候风浪中，也不会移动。

叠标

赛艇比赛的专门设施。为帮助赛艇运动员背向前进方向划行时尽可能避免划出航道，保持直线，按国际赛联规定，应在起点线后，每条航道中央在岸上或起航浮桥上，设置一对叠标，这对叠标前标与后标的距离为10～30米，其高度，前为1.5米，后标为5.5米，使运动员在1000米外能清晰看清这对叠标。

赛艇测功仪

赛艇运动员机能测试和身体训练的专用仪器，该仪器自20世纪80年代问世以来，在结构和功能方面不断发展和改进。目前有飞轮式、风轮式、液压式等多种。飞轮式测功仪是由运动员拉动牵引拉杆带动飞轮旋转，而飞轮与摩擦阻力带之间产生阻力，使运动员为了克服阻力而做功。测功仪上的数码器显示出飞轮的转数。用练习结束时的总转数，通过公式换算，就可以计算出运动员功率的输出数。风轮式测功仪是通过运动员拉动把手，使叶片式风轮转动。风门的开或关、风轮轴齿轮的大或小均可调节负荷阻力的大小。风轮式测功仪配备电子成绩监测仪，它可以记录练习的时间、桨频、速度、输出功率等。液压式测功仪主要用液压来调节负荷。它的前面装有电脑设备和荧光屏幕，可以在屏幕上显示出船速、桨频、划行距离、输出功率、每一桨力的曲线，等等。这种测功仪还可以模拟比赛，预定某一种船速而与之竞争，两条艇的划行情况都在屏幕上显示出来，使练习的运动员有身临其境的感觉。这三种测功仪上都有滑座、滑轨和脚蹬架，不同身材的运动员可以通过调整，达到最适宜的程度。前两种测功仪还可以配用遥测心率表、血乳酸仪，结合运动员在测功仪上做功的情况，了解运动员有机体内部的一系列变化，以此比较运动员的能力，作为选材的一种手段。例如进行6分钟最大功率的测试，可以检查运动员最大工作能力。又例如进行三级强度测试：如果强度标准统一，可以对运动员们进行横向比较，也可以对运动员本人在不同时期的能力进行纵向比较。这种测试有利于多人艇的选拔组合和训练计划的及时调整。相对来说，这两种测功仪中，风轮式测功仪更为方便、轻巧和准确。

终点塔和计时系统

终点塔应是稳固的结构，永久性建筑，坐落在航道的终点线延伸线上，距第一航道外侧 30 米处，终点塔内应包含电视摄像平台（约 20 平方米），终点摄像、计时、电脑系统 30 平方米，裁判工作室 10～15 平方米，广播评论工作室 10 平方米，竞赛组织室 10 平方米，国际赛联官员办公室 10 平方米。终点裁判阶梯式席位 6 级，可容赛艇、皮划艇比赛裁判 6～10 人。

终点塔层高应不低于 3 层，不高于 7 层，高以 10～25 米为宜。高则便于电视摄像、转播。终点塔各层窗子在航道一面，视野应大于 180°无障碍，最好是弧型门窗，为裁判工作和竞赛有关人员提供最佳的观察航道视线。国际赛联明确规定，大型锦标赛和国际赛艇比赛在终点塔内主控室，必须设置高精度的电子计时系统，这个系统与大型计时计分名次牌联网，与成绩系统联网，与电视转播联网，与起点发令台、各分段计时台以及终点计时台联网，与电子计算机系统中心联网。计时系统必须具备同时计两组比赛的功能。

计时、计分和名次牌

大型国内、国际比赛都必须设置电子计时、计分、名次牌，此牌与终点总电子计时系统联网，从出发到终点，每条航道运动员划行速度，各艇先后名次，中途变化情况都通过大屏幕向观众显示。

竞赛器材

艇

赛艇是一种专门用于比赛、训练的船艇。艇身狭长，两头尖瘦，状如织布的梭子。赛艇的制作材料，除优质木材外，有玻璃钢、铝合金及碳素纤维等。最长的八人艇长达 17～18 米，宽只有 57 厘米。最小的单人艇有 8 米长，最宽处仅 29 厘米。赛艇规格如下表所示：

赛艇一般规格

艇别	代号	重量	长度	宽度	深度
单人双桨	1×	14 公斤	8 米	29 厘米	9 厘米
双人双桨	2×	26 公斤	9.9 米	35 厘米	12 厘米
双人单桨无舵手	2−	27 公斤	9.9 米	35 厘米	12 厘米
四人双桨	4×	52 公斤	12.5 米	49 厘米	15 厘米
四人单桨无舵手	4−	50 公斤	12.5 米	49 厘米	15 厘米
八人单桨有舵手	8+	93 公斤	17 米	57 厘米	18 厘米

桨

桨是赛艇的附属器材，是供运动员划动赛艇前进的主要工具，分双桨和单桨两种。用优质木材或碳素纤维或两种材料相结合制成。桨的一端为圆杆，用于运动员握住后拉推桨，称为桨柄；另一端为桨叶，呈长铲状。桨叶的大小和形状是非常重要的。

赛艇器材改革的成功之处就是使用斧形桨，斧形桨把桨叶面改变成斧形并加大，使用相同的力量于桨柄会产生更大的推进力。

赛艇斧形桨规格

	双桨	单桨
桨叶宽（厘米）	21.5	25.5
浆长（厘米）	290～292	376

安全球

赛艇运动员背向前进方向，无法看见划行前方的情况。为了安全和尽可能地减轻伤害事故，规则规定赛艇的船头上必须装置一个直径为 4 厘米、用软橡胶或类似材料做成的白色圆球作为保护措施，称为安全球。

桨架

早期的赛艇运动没有桨架，只用两臂牵拉和上体摆动来划桨。桨架的结构和形式有多种，通常用4～5根铝合金细管组合成一个桨架。桨架的外端是一个类似桨叉的桨环，可以开启和闭合。桨放在桨环间，桨叶在水中，运动员划桨时，力量传递到桨栓轴，利用简单的杠杆作用推动赛艇前进。桨架在双桨艇上是左右对称的，在单桨艇上则左右交错排列。

脚蹬架

脚蹬架使运动员在艇上用力拉桨时有一个很好的"立足点"。脚蹬架上有供运动员穿着的专门运动鞋。这种鞋既要使运动员相对"牢固"地结合在艇上，又使运动员拉桨、推桨运行自如。在鞋跟处有一细绳与脚踏板相连，在出现意外或翻艇时，运动员两脚能很快地脱出，称为"快脱型"鞋。

脚蹬架的安置如果过于靠近船头，会造成入水角大而出水角小；如果过于靠近船尾，又会造成入水角小而出水角大。因此，脚蹬架的正确安置，可以保证运动员有一个正确的划桨结束姿势和合理的划水幅度。

滑座

滑座又叫座板。座板下有四个可以灵活转动的轮子。赛艇运动员对滑座轮子要求很高，不能有松动或过度磨损，更不能因轮子有差异而造成滑行困难。滑座的使用，可使赛艇运动员腰背和腿部力量得到充分地发挥。

滑轨

滑座下有两条平行于赛艇纵轴的滑轨，滑座的四个轮子在滑轨上前后运动。不同艇别的赛艇，滑轨的间距不同，如宽18厘米、23厘米和28厘米等。滑轨的长度从65厘米到85厘米不等。为了保证划水的有效长度，滑轨的长度一般为70厘米到85厘米，而从靠近船头处的滑轨顶端到垂直于桨栓横联线的长度不少于65厘米。

稳舵

稳舵是赛艇艇壳下部的固定装置。因状如鱼鳍，故又称鳍舵。稳舵一般用金属制成，安装在艇壳下面纵轴线上，靠近艇的尾部，对赛艇起着稳定的作用，不需要人力操纵。

竞赛设备

通讯联络设备

（1）如果没有内部电话连接，全国比赛，下列人员必须配备一个对讲机：总裁判、检查裁判长（2个）、发令员、起点裁判、航道裁判（4个）、终点裁判长，共10个。由于起点联系频繁，为保证比赛不致延误和终断，有必要配备一对备用对讲机给发令员终点使用。

（2）发令员有扩音设备，每一扶船装置上有一小喇叭，以便控制起航和对起点附近的水域进行管理。

（3）如果没有自动起航装置，起点裁判与扶船人员应有小型联络设施，以便舟艇排齐。

（4）终点应有音响设备，以通知舟艇已达终点。

（5）至少应有6个手提喇叭供航道裁判和终点检录使用。

（6）较完善的场地，分段计时、终点计时、终点大型电子计时牌的联络设备。

（7）起终点摄像的联络设备。

（8）广播、解说设备。

交通设备

（1）航道裁判艇至少4艘，安全救生艇至少1艘。

（2）综合运动会，应有颁奖艇一艘，并配备手提喇叭与对讲机。赛前还应配备一艘安全管理艇，在封闭航道慢驶，以管理水上交通。

（3）运送备用桨交通工具。

（4）运送裁判员交通工具。

（5）小型面包车一辆，作为交通联络、编排及成绩处理人员专用车。

监视设备

（1）终点摄像机及放像设备。

（2）取齐与发令监视设备，它要求将发令员取齐和起航线上所有舟艇艇首排齐等两个镜头重叠在一个显示屏幕上出现，以便同时观察发令员和运动员的动作。另有立即重放的功能。

（3）规模较大的综合运动会，从舟艇起航直至通过终点，均应有监视系统。

其他设备和用具

（1）检查用称艇衡器、调艇架、量桨叶厚度卡尺。

（2）称体重用衡器（两套）以及遮棚。

（3）裁判用桌椅（起点、发令、分段计时、终点、检查）。

（4）加重物以及舟艇称量合格证标志。

（5）照相设备及影集。

（6）航道牌（20×18厘米）不少于10套。

（7）打字机、印刷设备（复印机）和配套用具，记事板（不少于12块），文具。

（8）抽签用具。

（9）发令台大钟、黑板以及抢航或其他警告用标志6个（可用红球）。

（10）多道次秒表10块。

（11）望远镜4个（总裁、发令、起点、终点）。

（12）风速仪3台（起点、途中、终点）。

（13）裁判用红旗8面（其中75×50厘米2面，有一面对角有白线，旗杆长一米，另6面为60×40厘米，旗杆长90厘米）。

（14）裁判用白旗6面（其中75×50厘米1面，旗杆长1米。另5面为60×40厘米，旗杆长90厘米）。

（15）裁判用手铃5个。

（16）裁判用雨具及遮阳用具。

（17）各种表格。

（18）在水下码头处，应有 2×1 米的训练、比赛航道管理示意图，以提醒各队注意水上安全。

皮划艇运动场地设施

皮划艇静水比赛项目场地与设施

竞赛场地

皮划艇静水速度比赛是在天然湖泊或人工湖中进行。

基本构成包括了与赛艇项目共用的 2000 米标准航道，500 米和 1000 米比赛都是在直道上，一个走向。

"阿尔巴诺航标系统"的 10 条水线把赛场分成 9 条航道，每条航道宽 9 米。水线上的游标，其纵向间距为 10 米、12.5 米或 25 米。

航道必须满足以下最小尺寸：长 1500 米/2200 米（直线）；宽 150 米/120 米；深全航道中最浅处为 2 米。

比赛水域要求没有水草及其他障碍物。设置有终点计时塔、上下水码头、副航道（新场地）每 500 米段落标志、起航区域设施、自行车道、观众台（一般近终点塔）船库等。

1. 比赛航道的"阿尔巴诺航标系统"

在航道的全长中，固定 10 根直径为 4 毫米的金属直线。在这些线上，每隔 25 米处，装有直径为 20 厘米的浮球，红白两色的浮球应相间排列。

2. 照明

由于都是白天比赛，因此一般不安装照明。但近来也有为增加场地利用率在航道两侧安装了照明，在夜间使用，如雅典奥运会的赛艇皮划艇中心就是这样。

3. 航道位置

最好是阳光半横切航道全长，终点塔背对阳光，起点屋面对日落的方向。

4. 风向和风速

最佳风向是与航道相一致，风速应尽可能最低。

5. 船库——室内和室外船库

尽可能地靠近上水和下水浮码头。通往浮码头、运动员区和所有其他设施的交通须便利。船库的质量要求建造材料必须能保护船不受各种气候的影响，而且防盗。船库用石头、木头或帆布建造在地面上。

6. 船和短桨可挂在架子上

室内船库：在飞机棚或帐篷里。

室外船库：在院子里或砂砾上日照的方向。

7. 终点塔的设置和设备

终点塔尽量靠近岸边建造，与终点线在一条线上，面对太阳升起的方向；

用任何坚实的材料建造，为5或6层，每层的窗户应较大，以便能俯瞰从起点到终点的整个赛场。

8. 水和空气质量

水质必须良好，至少是2级水平（游泳池的水条件）。空气必须清新。

9. 岸线的建构，波浪的冲击，岸线的距离

建议沿着航道至少有一侧岸是直的，它距第一航道的距离最大为50米。岸的坡度为1/6的缓坡，它是一个网状结构，由大石头和/或其他特殊建筑材料构成，这样波浪向外滚动，并不会造成回浪。国内早期航道修建忽视过设置减浪硬件，之后无法比赛时又加修。

比赛场地的技术准备要求

1. 至少应在比赛开始前5小时，测量场地，并将醒目的旗子固定在浮标上。

2. 起航时每条船艇至少要有 5 米宽的航道。

3. 起航线和终点线应与航道成直角。

4. 终点线至少长 45 米，用两面旗子标出。终点裁判员的位置应尽可能地靠近终点线。

5. 1000 米以内的比赛，航道应是直的，同一走向。

6. 1000 米以上的比赛，可设转弯点。若有可能，转弯点应具备以下条件；

（1）从起航线到第一转弯点的第一面旗之间距离（第一航程）应是直的，最大距离为 1859.25 米。

（2）第一转弯点的最后一面旗和第二转弯点（第二航程）的另一面旗子之间的距离应是直的，最大距离为 1759.25 米。

（3）第二转弯点的最后一面旗和第三转弯点的第一面旗（第三航程）之间的最大距离为 500 米。

（4）所有其他航程应符合相关规定。

（5）每个转弯处的半经至少为 40.5 米。

（6）比赛的开始和结束都应在终点塔的前面。

（7）为获得最宽的终点线，位于终点线的红旗应尽可能地向外放置。

（8）所有起航的码头应是可移动的。

比赛设备

1. 起航设备

所有比赛必须在每个出发位置装扬声器和由国际划联承认的自动起航系统。

国内外比赛一般由裁判员在船尾扶船，当鸣枪或电子声响一响就要求扶船员立即松手放船。在世界锦标赛和奥运会比赛时，必须在每个起航线位置监控运动员的出发，配备照相/VCR、带有慢重放的摄像系统。录像带只能由发令员掌握。

近几年来大型比赛使用了皮划艇自动起航器，是一种皮划艇比赛的起航裁判装置。可避免运动员与裁判员间不必要的矛盾、误解和猜疑。

整套系统一般由四大部分组成：两条安装工作船，20个水下升降式活动平台，20个箱体以及相关附件。按照国际划联规定的赛场安排，每次安装9道，另一个备用，一般比赛安装两条比赛起航器，如500米、1000米。相关附件包括：气泵电机、空气压缩机、不间断电源、变压器、总贮气罐、电缆、发令器等。该设备一定程度上保证了比赛的科学性和公正性。

2. 终点摄像——计时

组织协会应提供两套由国际划联承认的终点摄像设备；必须保证每个赛次都进行终点摄像（预赛、半决赛和决赛）；预赛、半决赛中，终点摄像必须拍摄有资格进入下一轮比赛的所有参赛运动员；在决赛时，终点摄像必须记录所有运动员完成比赛的情况；终点裁判长和竞赛委员会必须将其决定与终点摄像的结果进行比较，以终点摄像为准，若终点摄像确定两条艇同时到达终点，应按照已获得的最好名次确定结果。因此，可能出现两个或两个以上的第一名、第二名或第三名等。在奥运会比赛中，不另设单独的计时器。若电子计时失灵，终点裁判员应采取手动计时。

此外，记录和公布的时间必须精确到1/1000秒

皮划艇静水项目参赛船体的总体要求

皮艇和划艇的船体横切线和纵切线应凸起（仅水平和垂直方向）；甲板的任何水平点不得高于第一座舱前缘的最高点；船上不可外加附着物，以免给运动员造成不公；比赛时，船上不可放置各种电子或电动器械，其中包括：水泵、测速仪、疲劳测量仪、心率表。

1. 船艇和运动员号码

所有皮艇和划艇上，都应设置一块号码牌，用以表明航道，号码牌应为白底黑字，垂直竖起，用不透明材料制作。号码牌上的数字高为15厘米，字体粗25毫米。

号码牌应放置在后甲板（划艇放在前甲板）的中线上。

号码牌的尺寸为18×20厘米。

由主办国协会提供的运动员号码布只能放置在运动员背面。

2. 皮艇比赛器材

（1）皮艇艇壳

国际划联认为皮艇起源于北美洲爱斯基摩人的生活用小艇，这种艇以兽骨作船架，以兽皮作艇壳，因此叫皮艇。1965 年经麦克格雷戈改进制作用于旅游及体育。现代皮艇的艇身大多为木制船架，用航空胶合板或玻璃钢做艇壳。现代皮艇外形呈流线型，表面光洁，又轻又窄，狭长如梭子一般。艇上除运动员的坐舱敞开外，前后所有甲板完全封闭。

皮艇主要附件有脚蹬板、坐板、舵杆、舵绳、舵等。国际规则对皮艇的长度、窄度及最小重量均有上限。

皮艇每条艇可有一个舵。K1 和 K2 舵叶的厚度不得超过 10 毫米；或 K4 不得超过 12 毫米；舟艇可设计为内坐型（皮艇型）而不是外坐型（冲浪滑水型）。

比赛皮艇艇壳参数表

艇类	代号	最大长度（厘米）	最小宽度（厘米）	最少重量（千克）
单人皮艇	K1	520	51	12
双人皮艇	K2	569	55	18
四人皮艇	K4	1100	60	30

（2）皮艇桨

是运动员划动皮艇前进的工具。皮艇桨是桨杆两头都有桨叶的双叶桨。其主要结构特点是两片桨叶的方向成垂直或接近垂直的交角。根据桨叶偏转的方向不同，分左转桨和右转桨，运动员可根据其握桨习惯而选择左、右桨。由于规则对桨叶的大小和形状没有十分严格统一的规定，近几十年，皮艇桨的发展变化极为迅速。各种桨的重量、长度、形状及桨叶及桨叶面积大小，可根据运动员身高、技术风格、力量大小、性别及不同艇种而选择。

比赛皮艇桨参数表

艇种	桨长（厘米）	桨叶宽（厘米）	桨叶长（厘米）	桨重（千克）
WK1	215～222	15～18	45～48	0.8～1
WK2\K4	218～224	16～19	45～48	0.9～1.1
MK1	217～224	16～20	47～50	0.9～1.1
MK2\K4	220～226	18～22	48～52	1～1.2

（3）皮艇舵

皮艇舵是皮艇上的附属装置，是一个控制皮艇方向的简单装置，包括舵叶、舵轮、舵绳、舵杆等。舵杆客观存在在运动员的脚蹬板上，运动员划桨时两脚撑在脚蹬板，需要皮艇转向时，就用脚拨动舵杆，舵杆围绕着一个固定的轴转动。当"丁"字形的舵杆转动时，牵动舵绳并牵动连结在舵绳另一头的舵轮，舵轮是紧紧连结在艇舵上的，因此实际上舵绳牵动着舵叶转动，从而使皮艇转向。比赛规则规定：皮艇如果因为装舵而加长了艇体的长度，就要限制舵叶厚度，单人艇和双人的舵叶厚度不得超过 10 毫米，四人艇的艇叶厚度不得超过 12 毫米。

3. 划艇比赛器材

（1）划艇艇壳

制造艇壳的原材料也是航空胶合板、玻璃钢和炭素纤维等复合材料。划艇的长度、窄度、最少重量也有上限。

比赛用划艇的参数特点

划艇	代号	最大长度（厘米）	最小宽度（厘米）	最少重量（千克）
单人划艇	C1	520	75	16
双人划艇	C2	650	75	20
四人划艇	C4	900	75	30

划艇必须沿其纵轴长对称建造，不得设置舵或任何指导划艇方向的器材。若有龙骨，它应是直的，并沿划艇的全长展开，在船身下凸起不能超过 30 毫米。

C1 和 C2 艇可以完全敞开，最少敞开长度为 280 厘米，船舷上缘可沿整个限定的敞开处延伸，最多在船上延伸 5 厘米。舟艇最多可有 3 个加固条，每个加固条的最大宽度为 7 厘米。

C4 艇可以完全敞开，最少敞开长度为 390 厘米，船的边缘（舷）可沿整个限定的敞开处延伸，最多在船上延伸 6 厘米。船艇最多可有 4 个加固条，每个加固条的最大宽度为 7 厘米。

（2）划艇桨

划艇运动器材是运动员划动划艇前进的工具。划艇桨是一头有桨叶的铲状桨。单人划艇、双人划艇、四人划艇桨的规格稍有区别。

划艇桨一般用木材或玻璃钢制成，近年来又发展为用碳素纤维作材料。碳素纤维结构使桨杆更加坚固、耐用、轻便而易于维修。桨杆的横截面通常成圆形，使桨叶有更好的方向性，有利于用力，也使桨杆有更大的抗弯能力。划艇桨的桨叶与皮艇不同，桨叶沿中心线成对称状。不对称的桨叶会产生不平衡的表面积。从而在动力作用下产生扭距。划艇桨的桨叶面起着推进、操向和控制船平稳的多种功能。

船艇检查

（1）皮艇或划艇的长度应从船头和船尾的最远点量起，船头或船尾若有附加物，如镶边或其他保护物，也应包括在内。若皮艇因有舵而加长了艇身的长度，丈量时不应将舵包括在内。

（2）在丈量和称重后及比赛前，皮划艇不得作任何改变。

（3）所有松动的设备应拆除。在比赛前第一次称重时，放置在底板上的跪垫、浮力附加装置，如吸水材料，必须绝对干燥。

船艇检查员在赛前通过常规检查船艇和运动员的器材。检查完毕，船艇检查员和领队应立即签字。为此，组织者要提供两套经批准的称重和丈量仪器。应采用标准的检查程序。

皮划艇激流回旋比赛项目场地与设施

皮划艇激流回旋比赛场地的一般特点

（1）比赛场地整个河道应能从上到下通行，对左桨和右桨的单人划艇运动员条件相等。理想的赛道应能够逆划。

（2）由起点线到终点线的赛道长度介于 250 米至 400 米之间。航道的末端要为运动员设置一段放松区域，赛道上游或下游也应有一段 100 米以上的流水供运动员热身。

（3）赛道应设置自然障碍和人工障碍。

（4）水门：赛道至少设 18 个门，最多设 25 个门，其中至少 6 个逆水门，最后一个门与终点线的距离介于 15 米至 25 米之间。组委会应选择有利于运动员比赛的赛场，水门应正确和清楚标出（用彩色门杆和门号牌），应有足够空间供运动员正确通过，并使裁判员对其是否犯规作出正确裁决。在比赛过程中，如裁判长发现水位发生明显的变化且此变化可以纠正，他应暂停比赛直至水位恢复到原状。

（5）审定赛场的规范性。

示划时最理想的示范者是右桨 C1 和左桨 C1 各一名，两名 MK1，两名 WK1，两队 C2。各项最多示划两条艇。总裁判长、技术组织者、裁判长和领队决定赛道是否被批准使用。如认为赛道不能被接受，总裁判长、技术组织者、裁判长和领队有权作出修改决定。如上述人员中有半数以上要求修改场地，则场地必须修改。如领队中有半数以上认为赛道难度过大，组委会必须减少某些项目的赛场难度。在投票批准赛场后，将不再对场地进行任何改变。另外，赛场应符合主办国有关环境和生态规定。

赛道长 300 米，呈 "U" 字形，赛道宽度从 8 米到 12 米不等，而从始发点到终点的垂直下落道口有 5.5 米宽，水流速度均可以控制，观众可观赏到安全但又充满刺激的皮划艇激流回旋比赛。

皮划艇激流回旋赛场的计时系统审定

比赛中裁判员同时采用电子摄像设备和手动跑表方式计时。在任何情况下，起点出发和到达终点都以运动员身体为准。在计算成绩时，优先使用电子记分设备，如电子摄像系统失败，则使用备用计时器的时间。

1. 皮划艇激流回旋项目比赛器材规范

皮划艇激流回旋项目比赛用艇的规格和尺寸：

各种型号 K1 至少长 4 米，宽 0.6 米。

各种型号 C1 至少长 4 米，宽 0.7 米。

各种型号 C2 至少长 4.58 米，宽 0.8 米。

艇的最轻重量（以艇处于干燥状态时重量为准）：

各种型号的单人皮艇 9 千克；

各种型号的单人划艇 10 千克；

各种型号的双人划艇 15 千克；

参赛艇的艇头和艇尾部分的最小半径，水平方向为 2 厘米，垂直方向为 1 厘米。艇上不允许装舵。艇必须按要求的规格设计和制造。皮艇是带舱盖的艇，运动员坐在舱内用双叶桨划动；划艇是带舱盖的艇，运动员跪在舱内用单叶桨划动。

2. 皮划艇激流回旋项目的安全措施

（1）艇的安全措施：

所有艇必须是不沉的，艇两头离船头、船尾 30 毫米之内安装把手，把手应能使人随时将手插入拇指深度拉住艇。把手所用材料直径至少 6 毫米，或者横截面至少 2×10 毫米。不允许用物品缠绕把手。

（2）比赛时的安全措施：

每个运动员必须带头盔，穿救生衣；

救生衣由不吸水能漂浮的材料制成上衣或背心穿在上身，它可托住重 6 千克的铁块或其他相等重量的金属，应设计为能使一个清醒的人脸朝上漂浮于水面；

建议组委会在起点和终点对救生衣和艇的浮力进行抽查。如存在疑问，可对艇浮力进行检查，艇灌满水后应仍能漂浮在水面上；

运动员必须在任何时候都能从艇上立即脱身；

如运动员不遵守安全规则，起点裁判、起点助理裁判、舟艇检查员和裁判长要根据各自的职责禁止运动员参加比赛；

任何比赛中运动员风险自负，国际划联和组委会对比赛中可能出现的事故和器材的损耗不承担任何责任。

皮划艇竞赛场地主要设备

裁判长设备

在比赛中裁判长均有可靠的联络设备，如对讲机 6～8 个，望远镜 3～4 副。

全国性比赛，一艘应备有四条机动艇。分布各部。比赛中除航道裁判艇外，其他机动艇不得在航道内行驶。

起点设备

（1）标准比赛场地拥有稳定的起浮桥，这种浮桥，在每一航道中，有前后移动装置，以使根据取齐员的指挥，调整舟艇与舟艇之间的长度差距。

（2）发令塔设在起航线后 30～50 米，航道中间的延长线。发令员工作的平台，距离水面至少 2 米、多至 6 米，可便于移动。

（3）扶船的浮桥，每一航道，设有一个小扬声器。

（4）有放置设备浆和便于舟艇小修的工具间（可设在较好的发令塔内）

发令员设备

（1）指挥和发令用的话筒或扬声器。

（2）发令红旗。

（3）较大的时钟和抢航道召回的手铃。

（4）记事用的小黑板。

取齐员设备

（1）取齐用台或船一艘.

（2）指挥用的扬声器。

（3）红、白旗各一面（30×50 厘米）。

（4）有把手的航道牌（1～6）六块（40×30 厘米）

航道主裁判设备

（1）红、白旗各两面（30×50 厘米）。

（2）航道牌（有把手）六块（两套）（40×30 厘米）。

（3）计时用的秒表两块。

（4）书写用的小平板两块。

检查设备

（1）检录用的扬声器。

（2）称船用的衡器、船架、体重称量计、测量桨叶厚度的卡尺。

（3）航道牌不得少于八套。黄底黑字或黑底白字，字体宜粗，牌子规格 18×20 厘米。

（4）桌椅及记事板。

（5）加重物（沙带和铅块）。

（6）编排记录用打字机或复印机，抽签用具。

（7）兴奋剂物质检查设备。

终点设备

（1）有阶梯的终点台。

（2）电子计时、摄录像设备、扬声器。

（3）人工计时秒表六块以上；红、白旗各一面。

（4）终点音响设备。

PART 5 项目术语

赛艇运动项目术语

正力

赛艇运动技术术语。各种类型船艇的动力来源，有的是发动机，有的是风帆。无论是发动机驱动的螺旋桨或一帆满风吹着的风帆，其动力都是连续不断的。赛艇运动的推进力却是断断续续的，因为运动员拉桨时，桨叶在水里有力的作用，这时产生推进船艇前进的积极力量，这是正力。当桨叶出水后，船艇只依靠惯性力作用，这时正力的作用消失。

负力

赛艇运动技术术语。赛艇运动的推进力和其他船艇不一样。当运动员拉桨时，桨叶在水里可以产生积极的推进力。而桨叶出水后就没有推进力的作用，而且由于滑座的运动和身体质量的方向转换，对船艇产生一个很大的负力，这个负力对抗前进着的船艇，是一个消极力量。赛艇技术好的标志之一，就是要限制消极力量的作用，充分利用积极力量。

划距

赛艇运动技术术语。指比赛中每划一桨船艇移动的距离，即比赛全程距离除以该艇所划的桨数。例如赛艇比赛全程为 2000 米，某艇共划了 250 桨，说明其每桨的划距为 8 米。因此划距反映了运动员划水的效果，它与运动员的划幅、桨频等因素有关。初学者和青少年运动员应强调划距，从每桨的划水效果来改进划桨

划桨周期

赛艇运动技术术语。指一次划桨动作的全过程。赛艇运动的划桨周期由桨叶入水、桨划水、桨叶出水、回桨所组成。从运动员的动作来说，是提桨、拉桨、按转桨、推桨。整个划桨周期是连贯而不间断的。如果以每分钟划 40 桨计算，则每一桨的周期时间约为 1.5 秒。

划桨节奏

赛艇运动技术术语。是指一个划桨周期内部各阶段速度和力量的比例。在一个划桨周期中，通常要求拉桨快而回桨慢，拉桨用力而回桨时放松。例如，假定每分钟划 40 桨，则每一桨的周期为 1.5 秒。划桨节奏要求拉桨用 0.5～0.6 秒，而回桨要用 0.9～1 秒。划桨节奏是运动员技术是否合理的标志之一。如果划桨的节奏鲜明，肌肉紧张与放松交替协调，说明技术精湛，有利于发挥体能，提高划水效果，加快赛艇的速度。

平桨

赛艇运动技术术语。是指运动员将桨叶平放在水面上，平桨时运动员身体放松，桨叶背面着水，桨叶的前面向天。平桨也是一种口令，当运动员在划进中，遇到障碍物或靠近码头需要停止划桨时，舵手或教练员可以用"平桨"口令，要运动员停止划桨。

回桨

赛艇运动技术术语。桨叶出水后，运动员两手轻快流畅地把桨柄向前推出。当两臂完全伸直把桨柄推过膝盖后，滑座才起动向前移，同时上体也随着自然前到下一桨的预备姿势。整个回桨过程中，桨叶水平地

在空间前移，离开水面约 15～20 厘米。回桨时要求身体平稳、自然、放松，动作比拉桨的速度相对要慢，回桨与拉桨的时间比例约为 2/1。如果一桨的周期为 1.5 秒，则回桨约需 0.9～1 秒，而拉桨为 0.5～0.6 秒。由于回桨时较为放松，使运动员每次拉桨都能得到短暂的体力恢复。因此可以认为回桨与拉桨是放松与用力的交替。

压仓物

又称加重物。赛艇比赛中，为了使比赛速度提高，尽可能地要减轻艇上的负担。在八人艇上，每条艇都有一名舵手，为了减轻重量，各艇都使用一名小舵手，并让舵手的体重减少到最小。为了使比赛的机会均等并保证舵手的身体健康，规则规定男舵手不得少于 50 公斤体重，女舵手不得少于 45 公斤。如果舵手的体重不足此数，裁判员就要加压舱物。压舱物一般用沙袋或铁块，通常把它固定或放在靠近舵手的座位下。但是压舱物最多为 5 公斤，也就是说舵手的体重不够规定也只能在 5 公斤之内。

预备桨

赛艇比赛专用名词，即备用桨。赛艇比赛出发时竞争较激烈，往往会出现器材损坏或断桨现象，规则允许 100 米内出现断桨或器材损坏可以召回，经修复或换用新桨后重新组织比赛。通常船库都在终点附近，离起点有 2000 多米。一旦出现断桨或器材损坏，临时赶回到船库去修理，势必影响整个比赛秩序。因此赛艇比赛时，要求在起点附近设有小的器材修理处，同时要求各队将预备用的桨提前放在起点附近，以便出现断桨时应急使用。

拉桨

赛艇运动技术术语。桨叶入水后，运动员的体重通过腿部用力传递到脚蹬架上，与此同时运动员动用各部分肌肉积极地拉桨。从肌肉用力的顺序看，一般认为拉桨开始时主要依靠腿部力量，然后是背部肌肉，最后是肩臂积极用力。蹬腿拉桨开始时，滑座在滑轨上向艇首移动，这时要求运动员充分利用自身体重，有如悬挂在桨柄上以便把力量全部传递到桨叶上去。同时，桨叶在水中的移动越小，划水的效果就越好。在整个划桨周期中，拉桨阶段是使赛艇推进的动力阶段，这个阶段要使运动员充分发挥其体能。

按桨

赛艇技术名词。拉桨后，两腿在转道上蹬直，躯干在滑座垂直位置后仰 35 度左右。双臂曲拉至膈肌部位，双手用掌心轻夺桨柄移至腹部，用手腕关节作弧形下按动作，使桨叶迅速垂直出水。要求干净利落，动作快而轻巧。否则，桨叶掠水，会影响速度。这是赛艇划桨动作进入第 2 周期的准备过程。

桨叶入水

赛艇运动技术名词之一。运动员在回桨以后，自然地使两臂充分向前，桨叶的正面即划水面从向上已转向向前，桨叶与水面垂直或稍微前倾，利用桨叶的自身重量下落，两臂和两手则同时自然上抬，使桨叶切入水中，形成桨叶和桨颈没入水中的最佳深度。这时运动员通过抬体和手臂牵拉，迅速使桨叶抓住水，同时把自身体重和力量完全传递到脚蹬架上，使船艇受到力的作用而推动向前进。桨叶入水是一个划桨周期的开始，要求动作迅速而不是猛力，要求没有水花飞溅。

桨叶出水

赛艇运动技术术语。在两腿蹬直拉桨结束时，上体后仰大约 25 度，同时屈臂拉桨至膈肌部位。这时用掌心和掌根轻轻压桨柄，作弧形的按转动作，使桨叶从水中垂直地跳出水面，并迅速转成水平状态。这一按转桨的动作要求轻柔而迅速，使桨叶出水时干净利落，没有挑水或停顿的现象。因为拉桨结束后，船艇获得了推进力，正以最快的速度在滑行。如果桨叶出水的动作慢于艇速，就形成了桨叶挡水，从而影响艇的前进速度。

桨频

赛艇运动技术术语。指单位时间内的划桨次数。即比赛全程所划的桨数除以比赛成绩。从生物力学观点看，船速是由划桨频率和划距决定的。这两个变量又受到技术和器材等方面的影响。因此提高船速主要从划距和桨频两个方面提高，但是桨频不可能无限地增加，更不能为了增加桨频而降低划水的效果。赛艇比赛的桨频从 30~40 桨/分不等。以男子八人赛艇的桨频为最高，尤以起航时的桨频更为突出，甚至高达 48 桨/分。在训练中不同的奖频往往可以反映出不同的训练强度。

桨位赛

赛艇运动专用术语。这是在众多运动员中选择桨手的比赛方法。当教练员拥有许多优秀桨手，一时无法决定挑选哪些运动员组成某一条艇参赛，或是国家队挑选运动员准备配艇参加某大赛时，可以采用两条四人单桨艇，桨艇内的运动员逐个互换桨位，进行定向和定时的比赛。用这种桨位赛可以在一批技术风格各异、身体素质水平不同、未知其比赛能力的桨手中选拔出一条艇上较理想的桨手。这种选拔方法简单、方便而且比较客观，可以为教练员提供关于艇内运动员最佳定位的信息。

倒桨

赛艇运动技术术语。赛艇正常划行时，运动员把桨叶放在水中，以桨叶正面拉桨，船艇则背着运动员方向前进。倒桨时，正好相反，运动员把桨叶放在水中，以桨叶正面推桨，船艇向着运动员前方即船尾方向划进。倒桨通常在靠码头或其他应急情况时运用。

提桨

赛艇技术名词。将桨叶对水面转为垂直角度时立即提桨柄，桨叶自水面插入水中，深至桨颈为止。人体重心从蹬脚板上用力蹬腿迅速后移，手臂与背肌同时向后用力牵拉。要求动作迅速有力，扎住水的支撑点，使舟艇受水支撑点的反作用力而被推向前进，是周期性划桨时发力的第一阶段。

划程

赛艇运动的技术术语，是指桨叶在水中的运动轨迹的距离。人在赛艇上观察桨叶运动，桨叶确是相对于赛艇划行了一段路程。但如果人在岸上观察，桨叶则相对地固定在一个"点"上。实际上，桨叶在水中抓住了水，就像作为一个杠杆在撬动船艇前进。由于水是流的液体，划水是人拉桨时通过桨栓作弧形运动，因此桨叶在水中有一个小的旋转运动，这个桨叶从入水到出水旋转的轨迹距离称为滑程。

划幅

赛艇运动技术术语。是指桨叶相对于船艇所划行的距离。也就是桨叶从入水到出水所移动的距离。划幅的大小与运动员的臂长、腿长、关节柔韧性、握桨方法、划桨技术及滑轨长度等有关。对初学者来说，要求划幅大些，以充分发挥每个桨的划水效果。随着运动员的技术水平和桨频提高，可根据个人的运动特点、技术风格和比赛现场需要，选择最佳划幅。

蹩桨

赛艇运动术语。运动员回桨以后桨叶入水时，由于桨叶入水的角度不好控制，桨叶后仰面斜插入水，造成桨叶下滑过深，以致运动员拉桨时越拉越深，桨叶出水困难，这种现象称为蹩桨。严重的蹩桨会将运动员拉入水中，或造成翻船。蹩桨现象常见于初学者，他们缺乏控制桨叶入水角度的能力。桨手划桨时，要求桨叶入水迅速，并使桨叶在水面下水平地划行。为了防止蹩桨现象出现，在调整器材时要使桨叶有一定的前倾角度。优秀桨手桨叶的前倾角为0°～4°，初学者和青少年运动员为4°～7°。桨叶的前倾角保证了桨手快速地使桨叶入水，并紧接着用力拉桨。同时也易于保持桨叶在水平面下平直地划而不出现蹩桨现象。

皮划艇运动项目术语

划幅

划船运动术语。指桨叶入水至出水间划行的距离。

划水路线

划船运动术语。指桨叶在水中划行的轨迹。

划桨频率

划船运动术语。指一定时间内划桨的次数。一般为每分钟的30～40桨。各类艇的男子和女子项目，根据训练水平对有效桨频均有规定。

划桨节奏

划船运动术语。指桨叶划水和回桨的时间比例。每一划桨周期中，推桨时放松，拉桨时用力，形成鲜明节奏。能使有关部位的肌肉得到短暂休息，有利于合理发挥体力，加快划速。

划桨周期

划船运动术语。指划桨完整动作的总称。由桨叶入水、划水和回桨3个连贯动作组成。一个完整动作称为一个划桨周期。

抢航

皮划艇竞赛术语，皮划艇比赛开始时，各艇在各自航道起航线的后面。取齐员在起航线的一侧，以目测或用自动起航器将各艇艇首挑齐在起航线上。发令员站在取齐员身后，当他们认为已排齐时，即可喊预令"Attention Please"，然后鸣铃起航。如果在"Attention Please"之后、鸣铃之前运动员开始划桨，即为抢航。

转弯

皮划艇 5000 米比赛的术语，又称绕标。皮划艇 5000 米比赛是在航道外绕圈划行。航道总宽 81 米，转弯处的半径为 40.5 米，半圆的弧长 127.17 米。规则规定 5000 米的起点在终点线外 100 米处，从该起点出发划 1859.25 米至转弯处的一个旗帜，绕过半圆弧上的 6 面标志旗，进入第 2 个直航程，划 1759.25 米至第 2 个转弯处 127.17 米，接着划一个 500 米直道再绕标一次，即可划最后 500 米直道冲向终点。由此可见，5000 米航程中总共有 3 个转弯。规则规定长距离是在航道外逆时针方向划进，即一律以左舷在 6 个标志旗的外侧通过转弯处。在通过转弯处时，处于里航道船艇的艇首正横线与外航道船艇舱的前缘或划艇运动员的躯干相平行或已超出，处于外道的皮、划艇必须给里道的皮、划艇留出足够的水域进行绕标，否则出现相撞事故将由外道的皮、划艇负责。在转弯处如果运动员漏绕标志旗，可以折回后再绕，否则也将作犯规处理。

带划和借浪

皮划艇比赛用语。在皮划艇比赛中，如果相近的两条艇一前一后，后面的艇尾恰好在前面那条艇的艇尾浪尖上，后面的艇相当于顺着浪峰向下滑动。根据研究，如果这两条艇的速度保持相同，那么后面的艇由于借浪而可以节省 30%～50% 的能量。在比赛中，特别是 5000 米长距离比赛时，没有各自的航道，出发时各艇相距只有 1 米左右，在途中只规定一条艇要超越另一条艇，应避开被超越的艇，不得影响被超越者的正常划行，被超越的艇则不能改变航向给超越者制造困难。因此在长距离比赛时，不可避免会出现带划和借浪，这时的带划和借浪是一种很正当的技术和战术，运动员不仅要学会带划和借浪，还要学会反借浪技术。在 1000 米以内距离的比赛中，则不允许带划和借浪。

乘浪

皮划艇技术名词。皮划艇行进时，借助其他艇产生的波浪力量，使自己的舟艇加速向前推进的一种操纵技术。

起航

皮划艇运动术语。舟艇由静止状态转为运动状态，称为"起航"。及时正确掌握起航技术，能使舟艇在最短时间内获得最快速度，取得预先的优势。

倒桨

划船运动技术名词。同划桨动作相反，倒桨可使舟艇反方向前进。

聚集犯规

划船运动技术名词。在比赛途中，两只舟艇靠近或两艇的桨相碰，称"聚集"。所有参加比赛的舟艇（或桨）离开自己的航道而发生接触或碰撞，则称"聚集犯规"。裁判员两次警告后仍犯规者，即被取消比赛资格。而为了对受害者充分保证其恢复取胜的机会，必要时可以立即停止比赛重新开始。

PART 6 技术战术

赛艇运动技术战术

赛艇技术

赛艇基本技术

赛艇运动主要是通过划桨动作产生的作用力使艇前进。它是一项周期性运动，其技术动作是周期性的重复，技术过程只需对一个划桨周期加以描述。一个划桨周期包括提桨入水阶段、拉桨阶段、按桨阶段和推桨阶段四个基本技术环节。由于各个阶段都是相互紧密联系，彼此既密不可分又都有其各自的特殊作用。所有动作连续协调进行，用力均匀，张弛结合，充分调动人体机能的潜力。为了使青少年更能深入地了解赛艇的技术，在赛艇的基本技术介绍中，还具体讲述了一下提桨前的准备阶段，使整个周期更加完整。

1. 提桨前准备

提桨前的准备，需要运动员把桨推至前端，两臂自然前伸，上体的前倾和转桨叶至垂直于水面等动作已完成，此时滑座距"前止点"约 10 厘米。这时的身体基本姿势为：小腿与龙骨接近于垂直，上体前倾约 $20°\sim30°$，胸部贴近大腿，膝关节呈 $45°\sim60°$，身体重心处于滑座与脚蹬板之间，这时全身肌肉自然地保持适度紧张，集中精力准备入水。

2. 提桨入水

提桨入水时，桨手的身体自然地团身向前，利用最后滑轨 10 厘米距离，把身体重心移向脚蹬板的前脚掌上，同时推桨的双手迅速地做向前向上的弧形运动，使桨叶快速插入水中抓住支点。这时滑轮几乎触及前止点，迅速开始有力的蹬腿动作。这个时候，桨叶的划水已经开始。提桨入水属于推桨最后的一部分，是在桨把往前上方推、桨叶迅速"滑下"入水瞬间，把水抓住，并且紧接蹬腿。正确提桨入水的标志是水花不大或向上溅起，而不是水花飞向艇头或艇尾。

3. 拉桨

肩臂向后使桨柄沿弧线向后运动，同时用力蹬腿。拉臂、倒肩、全身配合用力拉桨，使艇获得最大的推力。

拉桨的第一阶段：提桨（抓水）的瞬间，当桨叶已迅速插入水中时，两腿要及时地向斜后上方蹬伸，双手保持稳定牵拉，把腿部和身体重力传递到桨叶，强有力的划水开始。

拉桨的第二阶段：随着拉桨开始，上体由自然前倾状态逐渐地"打开"朝艇首运动。为了充分发挥腿和上体肌肉群的配合用力，促使稳定有力地划水，上体打开速度要赶上蹬腿速度，要充分发挥上体肌肉群协调配合用力，促使稳定强有力的加速划水。

拉桨的第三阶段：当桨柄运动接近于艇体垂直位置时，手臂的积极屈曲牵拉逐渐加强，上体继续向艇首运动。这时两肘关节呈水平弯曲状，两手形成上下前后交叉姿势继续拉桨。这时蹬腿即将结束，上体和两臂保持优质稳定的积极牵拉。

拉桨结束阶段：随着拉桨的继续，腿部逐渐伸直，上体后倒结束。这时要用上体和两臂的积极牵拉来保持对脚蹬板的有力支撑，使桨叶出水前重力仍保持在桨柄的后面。不要过早地解脱上体和腿的支撑作用让桨叶过早地出水。这时的身体基本姿势是：肩轴后倒约 20 度，略含胸，桨叶仍有力地支撑在水中，桨柄距大腿 20 厘米左右。

4. 按桨和提桨开始

当桨把牵拉至胸骨前 10～15 厘米时，用前臂和手腕的协同动作，使桨柄迅速地做向前的弧形运动，桨叶随即跳出水面。接着借助惯性使桨柄向前而推离上体，在向艇尾方向推桨过程中，自然地把桨叶转成水平。桨叶出水一刹那，脚对脚蹬板的蹬力消失，身体各肌群转为放松阶段，身体重心这时完全落在滑座上。按桨时桨柄不应触及身体任何部位。按桨正确动作的标志是先按后转，桨叶出水干净且有适当高度，出水前的后划角约 30 度。

5. 推桨

按桨出水的同时（此时肩轴与身体重心点接近于垂直），桨柄圆滑而不停地推向膝部上方。双手推过膝，上体随之前倾，然后开始启动滑座前移。滑座前移过半以后，上体的前倾和两臂的前伸已经完成。

推桨过程中，由手握桨柄推移——带动肩和上体跟上完成上体的前倾——启动滑座前移，这个动作顺序是正确推桨技术的"三部曲"。整个推桨过程，桨叶水平移动贴近水面约 10 厘米，入水前需提前充分完成转桨叶至垂直。一般应在桨柄运行至脚蹬板上方时，一边推桨一边渐渐地转桨叶。推桨动作应做到连贯、平稳、自然。滑座向艇尾移动要有所控制，不可冲得太猛。抵达"前止点"的"制动"要逐渐地、稳定地进行。

当桨柄伸至最远点时的基本姿势为：小腿与龙骨接近与垂直；上体前倾 20°～30°；胸部贴近大腿，膝关节呈 45°～60°；身体重心处于滑座蹬脚板之间。这时，除滑座继续在剩下的 10～15 厘米距离前移之外，全部动作都已结束。全身肌肉自然地保持适度紧张，集中精力准备入水。

双桨和单桨技术

1. 双桨技术

双桨技术的特点是两手同时运动，它可以使划船动作更加放松和协调。两手同时用力产生的作用力是两边对称的，不会使人体往两边倾斜。双桨的困难是拉桨时有上下、左右、前后的关系。为了便于发力，设计者要求在拉桨时桨柄有前后、上下的交叉，这样尽管感到内柄长了，但当拉桨到按桨位置时就正好，同时发力也能够在一条直线上。拉桨时手臂用力是在身体的前面，那么当桨柄交叉时，不管用力是否在一条直线上，都不难做到在身体前面充分地用力。为了能有效地用上力和做好动作，内柄就要有一定长度，一定要有交叉，这也就是双桨不同于单桨而对技术有较高要求的地方。

对一个国家或地区来说，技术上的统一和规范化是很重要的。比如双桨技术，就应规定哪一只手在上，哪一只在下。从第一堂课教学起就要规定哪一只手在上面。这对于教学、训练和组织配艇来说都是方便而必要的。我国和世界上的多数国家都规定左手在上，而有少数国家则右手在上。有了上下手区别，桨栓也就有左右高低之差，运动员在划桨时也就不会使船倾斜。此外，还要注意拉桨手的前后位置，这样左右桨的高低差就小，船也比较容易平衡。推桨和拉桨一样，应该保持上下手的位置。

（1）握桨方法和手臂动作：握桨时拇指抵在桨柄的顶端，手指搭在桨柄上自然地抓住握把。手指、手臂和肩部都要放松。拉桨时注意手臂勿过早地弯曲，手臂的牵拉应同上体的后倒结合起来，由直臂发力到连贯地屈臂接按桨。

（2）推桨：为了使船保持平衡，推桨时桨叶离水面要近一些，一般为5～10厘米左右。这样有助于船的平衡，尤其对于初学者来说更要强调这一点。可以采用把桨叶拖在水面上的推桨方法来帮新手维持船的平衡，消除因船的不稳而带来的紧张心理。待到技术动作略为稳定、平衡能力有所增强时，再要求桨叶离开水面贴水推行。

（3）提桨和拉桨：双桨和单桨技术大同小异。单桨由双手握一支桨，桨叶入水时使用的力量较大，而双桨的入水特征主要靠速度而不是靠力量，它的下水动作比较自然，是靠手腕上的感觉，桨把推至前上方远端时，只要轻轻地一抬腕，桨叶就顺势下水了。拉桨用力要均衡而不间断地逐渐加速，如果提桨入水过猛爆发用力的话，一是破坏了拉桨的技术结构，不能充分发挥拉桨效果，二是会导致手臂肌肉很快僵硬。正确的做法是桨叶入水拉桨开始，身体处于紧张状态时，随着蹬腿手臂不要过早地屈曲。拉桨的效果要靠全身肌肉的配合，使速度不断提高，并保持到拉桨最后阶段，完成按桨出水。

（4）平衡：双桨的平衡似乎比单桨容易，但对于单人双桨来说平衡也是颇为困难的。有些教练员在指导运动员做平衡练习时，常犯一种错误，就是要求桨叶出水后离水面过高，这样船就不易平衡，于是运动员就自觉不自觉地用身体来控制平衡，然而，单人艇的船很窄，用身体是不容易控制平衡的，时间一长动作就会显得生硬，这对于初学者掌握技术是十分不利的。因此，对初学者可先采用"拖水推桨划"，进而要求推桨时桨叶靠近水面，以求平衡和动作连贯。只要初学者做到身体位置坐正、桨叶能稍微离开水面推行、动作连贯、滑座正确启动、前滑和提桨入水连续，平衡问题就容易解决了。

（5）航向：赛艇桨手背向艇的前进方向划行，在没有航道标志的水域划行时，首先要观察船行的"水线"——尾浪的航向是否笔直。另外，应找一个远方的参照物，使它与船尾始终成一直线，如不成一直线，则说明艇的航向偏了。无论平时训练或比赛，一旦发现偏航则下一桨就要注意纠正过来。尽管现在的正式比赛都已采用阿尔巴诺航标系统，并设有叠标，但养成用"三点一线"的观察方法和直线航行技术的习惯是实用和必要的。常见的偏航现象有以下几个原因：

侧风的影响。这时运动员应使靠上风的船舷保持稍低，减少船的左右摇晃，划桨时偏航的一侧用力稍大，以保持在风浪中直线航行。

器材的原因：左右桨的桨叶前倾角如果不对称，或没有调好会造成偏航。应检查两侧桨架高度和桨叶前倾角。

初学者易犯左右两手用力大小不一、不对称和两手牵拉不合理的错误。另外，我国的双桨运动员都是左手在上面，而大多数初学者左桨因动作方便而显得力量较大。右桨在下，常常用力不充分或拉桨太低不好用力。还有的运动员左右两手的力量相差悬殊。这些都需要在训练中找出原因，加以纠正。

2. 单桨技术

（1）握桨方法与手臂动作：单桨握桨时，外舷手握在桨柄端，小拇指靠拢桨柄末端轻压。内舷手大拇指与四指正握，负责桨柄的转动。

两手相距约工5～20厘米。开始拉桨时手背与前臂平直，两臂伸直，拉桨过膝后积极屈臂，拉桨至胸腹前约10～15厘米时，迅速、轻柔地按转桨叶出水。这时外舷手放松、内舷手按转桨，使桨柄在外舷手中滑动，外舷手则协助内舷手轻轻下按。随后两手很快并放松地推桨过膝。当推桨至与躯干垂直，离提桨入水还有约30厘米，内舷手即开始连贯地转动桨柄，使桨叶做好入水前的准备。

（2）提桨和拉桨：单桨的提桨入水应该快速有力，并且使抓水和拉桨紧密结合。桨手应在桨入水的瞬间拉桨之初产生"悬挂用力"的感觉，使体重和腿部力量通过手腿传到桨叶上去。

（3）上体动作和拉桨：推桨时滑座应平稳地前移，不要突然起动或猛冲突停，要充分地滑够距离。滑动时上体应保持自然正直，不可左右偏斜，外侧肩和头颈应随桨柄的弧形运动而自然略为偏转。手臂充分前伸，肩背自然伸展，不要用身体的偏斜和上体下压来增大幅度。单桨由于一侧用力，肩的动作有个沿桨端的弧形运动，和双桨肩的运动不一样，要求肩的柔韧性好。当拉桨前半部自然转肩时，身体重心依然要保持在龙骨上。

身体各部位在划桨过程中的运用技术

1. 手的动作

在正式的比赛和平时的训练汇总，正确的握桨方法和姿势，对于运动员来说是非常重要的。正确的握桨方法是手握桨柄不能握得太紧，应该用手指和手指根来握桨和控桨，而不是用整个手掌来握。用手指握桨和控桨，前臂和手指可以自然地放松，很好地感觉桨叶在水中和水面上的运动情况。拉桨时手腕、手臂呈水平线用力（即手腕和前臂保持在一个水平面上），不会使前臂过分紧张，而且拉桨结束的按转桨时，只要手腕下压随之微微上翻，桨叶就很容易出水。反之，用手掌握桨，会造成拉桨时手腕与握把弓成一个角度，前臂就会感到过于紧张和发胀，会导致将桨把握得太紧、太死，以至难以感觉桨叶在水中和水面的运动情况。

按转桨时，桨柄在手中要转动自如。手腕动作要快而协调，桨叶出水后手腕和手臂很快形成直线推桨，让前臂和手指、手腕自然放松。

划单桨时外侧手的小指应靠近和置于桨端，充分放松地用手指扶按桨柄。按转桨时主要用内侧手来控制和按压桨柄，同时外侧手也要协同按桨（内侧手系指划单桨时左桨的左手、右桨的右手）。整个划桨过程中，内侧手握桨要紧一些，转桨主要也靠它来完成，而外侧手则较为放松。

2. 上体动作

提桨（抓水）时上体应以自然的团身姿势保持有节制的前倾，约呈 $20°\sim30°$。要避免过分地前倾、下压上体、上体太直和显得僵硬等不自然姿势。拉桨将要结束时的上体后倒也要适度，大约在 20 度左右，不要太直或过分后倒。女运动员由于臂力相对较弱，后倒角度可略大一些。一般来说，上体的前倾和后倒角度应因人而异，不应作硬性规定，但多人艇则必须基本上一致。

拉桨过程中除单桨因桨柄的弧线运动使上体有一定的自然倾斜外，划双桨时上体始终不能左右偏移。

提桨（抓水）时，要注意略为延缓上体后摆的速度，这是颇为重要的技术环节。强调做到这一点，为的是可以尽量保持抓住水后拉桨时上体的有利用力的角度。

按、转桨出水推桨开始时，上体应保持自然、平稳姿势，不可低头下压。划单桨时，重心稍靠桨环轴。推桨过程中当桨柄过膝时，上体应随桨柄的向前运动而自然前倾，同时改变髋关节角度，并将这种上体前倾姿势保持到提桨入水。只有上体随桨柄运动而改变前倾角后，才可启动滑座。单桨手在完成上述动作时，应使外侧手臂和同侧的背阔肌充分地伸展。

3. 头部的动作

头的位置在划桨过程中影响身体全部动作。划桨时头部应保持平稳正直，尤其在提桨入水前一刹那，头部的自然、平正和下颌稍抬的姿势，对稳定重心、保证拉桨的有效用力十分重要。

单桨提桨时由于外侧手和背阔肌需充分伸展，头应随桨柄的运动略为外转。

拉桨结束和按桨出水时，应保持下颚平正，而不是低头收下颚。

4. 腿的动作

提桨入水后开始蹬腿。蹬腿要求"顶上"快而接着均匀稳定地用力，不要突然猛蹬，而是保持稳定的蹬压。大腿和小腿应尽量保持直线用力。大腿不要过分外斜，膝部也不要大开大合地用力。拉桨到最后阶段按桨前，要有意识地使大腿伸直压紧，以保持按桨前桨叶对水的支撑力。由于双桨和单桨技术略有差异，双桨运动员的双膝靠得较近，而单桨选手受入水之前弧状伸展肩臂动作的影响，外侧腿略为分开一些，这样有利于做好入水前的伸展动作。

5. 全身配合

全身配合要求做到协调、自然放松、幅度充分、富有节奏而有韵律感，划桨动作要做到连贯和自然流畅。在比赛全程中，桨手应保持头脑冷静，很好地感觉和运用正确的划桨技术，不爆发用力和突然停顿。

赛艇战术

赛艇比赛战术是决定比赛胜负的一个重要因素。为了在比赛中取胜，除了掌握赛艇技术和有良好的体能外，还要重视战术训练。对于初学者和青少年运动员来说，由于他们的技术、内脏功能、身体素质和心理状态还很不成熟，比赛中主要靠技术和体能，战术显得不是很重要。而对高水平的选手来说，战术往往起着决定性的作用，战术安排得当往往能使比赛取胜，甚至可以战胜实力比自己强的对手。赛艇比赛中常用的战术方案有以下几种：

集体配合战术

赛艇多人艇的成绩与多人艇的人员配备有着密切的关系，在多人艇项目中，要求几名运动员要做到像一个人一样，不允许任何人有任何配合失误，全艇队员要协调统一，心理相容。要做到一条艇的最佳配合。此外，领桨手是最重要的，可以说一个优秀的领桨手是整个艇的灵魂，所以要求领桨手的个人能力要突出，技术要全面，节奏感好，心理素质好，战术意识强，具有清醒的头脑和团结协作的精神。这样合理的集体配合，才能赛出更好的成绩。

等速战术

等速战术是最有效的战术，这种战术可以用最大力量达到最好成绩。

这种战术是最适宜的战术方案，可以用于最重大的比赛，但是只有高水平的艇队才能采用这一战术。运动员必须注意划桨高度稳定性和动作协调性，要很好地了解和体会自己的划进过程和速度，要相信自己的力量。这种等速划进战术必须在比赛全过程（从出发到冲刺）用出最大力量。

出发领先战术

采取出发领先战术的运动员应该掌握十分出色的出发技能并具有出发后能立即发挥高速度的能力。

出发领先战术是在短促的出发桨以后达到充分的划幅长度并能转入途中划，然后开始快速冲刺，必须始终划在前面，把对手甩开，领先划行直到终点。

领先者划桨所使用的力量要适合于自己的能力，不要拼命划。占领领先位置使运动员心理上得到安慰，但是在出发时由于氧耗量增加会在生理方面产生很大困难。

为了采用这种战术，需要在缺氧条件下进行专门训练，消除过早衰竭的危险性。这种战术方案适用于多次性出发的比赛。在这种比赛中任何队都很难在每次比赛中全力划。

领先战术是运动员出发后保持一定的速度使自己处于领先地位。这种战术由于可以看见所有落后于自己的艇，所以在心理上容易受到鼓舞。但是也容易产生放松情绪，特别是当其他落后艇追上，而本队前半程体力过分耗竭以致造成一定威胁时容易紧张而动作混乱，最后容易导致失败。所以需要正确的、理智的、科学的运动战术，这样才能赛出更好的成绩。

变速冲刺战术

采用变速冲刺战术是要求训练有素的船艇掌握在行进间的出发快划技能。这一战术的特点是在三个主要段落提高划桨强度：出发后、中间段落、最后冲刺。这种战术是消耗体力的战术，要消耗很大的能力，因此必须是身体素质好和训练有素的运动员才能采用这种战术。

终点冲刺战术

终点冲刺战术可以避免领先战术中比赛开始时出现过于紧张状态。在比赛最后时刻把全部力量用上去是非常适宜的。一方面，机体的有氧能力已经耗尽；另一方面，产生和增加的氧债已不会再影响到下一步战斗。

为了取得比赛的胜利，就要早些开始冲刺，因此，应该掌握长距离冲刺的本领。

这种战术可以在不可能事先研究对手采用何种战术的情况下运用。

加速冲刺战术是根据赛前分析在出发后甘愿处于落后位置，按既定战术，咬住对手，逐渐赶上，最后充分发挥高速度冲刺，夺取胜利。

皮划艇运动技术战术

皮划艇技术

皮艇基本技术

皮艇技术包括选桨、握桨、艇上坐姿、划桨的一个循环动作、呼吸、起航、冲刺及多人艇的配合等技术。

1. 选桨和握桨

运动员两手正握桨杆，对称地放在头顶上，上臂与两肩平行，肘关节屈成90°角，这时两手距离桨颈15厘米左右。如再加上两桨叶的长度，即为该运动员较适宜的桨长。另一种方法是站立在平地上，让桨竖起向上，举起单臂用食指和中指能勾住桨叶顶端，即为适合于自己的桨长。桨上的握桨点，最好作好标记，以免在练习中滑动。

运动员根据自己手腕关节的灵活程度使两片桨叶相互偏转 70°～90°。根据运动员的习惯又可分左手转桨或右手转桨。

2. 艇上坐姿

运动员坐进船舱后，应位于艇的中心线上，以保证良好的平衡。两膝大约屈成 120°～130°角，背部要直起，躯干垂直或前倾 5°～15°，身体重心应落在船的重心上或在船的重心前面一点，这要根据运动员的体重来决定，可以观察船体的水线是否成水平来加以调整。船头可稍下沉，划进时船头上升，水线即成水平。运动员自然地正坐船中，头部正直，两眼平视前方，颈部放松。

运动员的这一坐姿，有利于上体转动和两臂用力。如果过于前倾，对肩部力量较差的女运动员较为有利，但不利于运用躯干转体的力量。如果上体后仰，则划水的后半部分用不上力。

皮艇和划艇的划桨技术都是连贯而有节奏的循环动作。皮艇是以两边相同的动作在左右两侧不断地重复。因此要求运动员的动作高度地协调，努力做到两边划桨动作对称。

为了更好地理解动作过程，可以把划桨的一个循环动作分成四个阶段来说明。

（1）桨叶入水：以左桨划水为例，桨叶入水时，上体应围绕纵轴最大限度地向右转动，肩轴和躯干一起转动约 70 度，左膝弯曲使臀部稍向前移动，而右膝微伸。这时左肩下斜，左臂充分前伸，左前臂与手成一直线，右手在头旁，离右耳 20～25 厘米。

桨叶入水时贴近船体。臀部、胸部、肩部、臂部等肌肉均紧张收缩，左脚撑住脚蹬板。桨叶与水平面成 40°～50°角，入水点应超过自己脚尖。桨叶入水发力于腰部，同时转体蹬腿开始直臂拉桨。在入水阶段，桨叶的运动方向是向前、向下、向外。从桨叶接触水到桨叶全部浸入水中的时间约为 0.06～0.063 秒，船体的速度开始增加。

（2）拉桨：拉桨紧随在抓水之后，抓水和拉桨之间没有间断和停顿，力的传递是从抓水开始一直到拉桨结束。拉桨时腰部发力，躯干加速用力向左牵拉转动。左脚撑住脚蹬板，要有用力推艇向前的感觉。右臂屈臂支撑，右手高于下颏，与眼齐平。左臂直臂拉桨，由于螺旋桨的作用面，使桨叶向后外方与艇的纵轴线约成 36 度角。在拉桨过程中，桨颈齐水平面，桨叶面则尽可能与船舷保持 80°～90°角。运动员根据自己的水感，不断寻找静水，使桨叶相对固定在入水点。左臂拉桨时，左腿随着转体而进一步对脚蹬板产生更大的压力，而右臂微屈肘，努力控制划桨的有效垂直部位。划桨至大腿中部，左臂开始屈肘准备出水。在拉桨阶段桨叶的运动方向是向后、向下、向外。所用的时间为 0.21 秒左右。拉桨时船体的速度则增至最大。

（3）桨叶出水：桨叶划水至髋部结束出水，这时桨柄与水平面约呈 145 度。左臂屈臂提肘，稍稍转动手腕并向上转桨，使桨叶外缘领先出水。出水动作应迅速、柔和而干净利落，桨叶尽量少带起水花。桨叶在出水阶段的运动方向是向后、向上、向内。桨叶离水时与水平面约成 145°～155°角。桨叶出水和入水一样，都是一个划桨动作过程中速度最快的阶段，艇速越快，出水和入水也越快。

左臂拉桨出水的同时，右臂微屈支撑。当左手向前、向上复位时，左臂由屈向前自然推直。当右手腕推过中心线时，转化为拉桨手而开始下一次划桨。

（4）复位：左桨出水后、右桨入水前，大部分肌肉处于放松状态。左手在复位过程中，肘部向身体中轴移动，当手和臂继续向上移动时，肘部几乎在后甲板的上方。当手与耳同高时，肘与肩也同高。这时上臂后伸，与肩线成 160°～175°角。

手臂复位时，桨叶由下向上，运动员通常在这时吸气。

整个划桨动作是一次连贯、协调的周期性运动，即使是恢复阶段，也应是轻快而流畅，没有任何停顿，并且不允许艇的速度在两次拉桨之间有明显的减速现象。

划艇基本技术

1. 划艇的选桨和握桨

单人划艇与双人划艇用桨的长度不同。单人划艇桨的长度同运动员的身高，双人划艇桨的长度一般齐运动员的眉梢。两手握桨时，上手（推桨手）正握桨把（手柄），下手（拉桨手）握在距桨颈 15～20 厘米处。

2. 跪姿

划艇运动员在艇内成跪立姿势划桨。正确的跪姿可以在艇内保持较好的稳定性。通常把支撑腿（平衡腿）的脚、跪腿的膝和脚这三点，稳妥地放在一个钝角三角形的三个顶点上。支撑腿的脚趾朝划桨一侧稍向内转，而膝部正对着前方。支撑脚与跪腿的脚和膝部构成 15°～20°的夹角；跪腿的大腿基本垂直于水平面，小腿向对侧偏移，与艇的纵轴成 8°～25°角。跪垫高 7～10 厘米，跪腿的小腿与大腿成 100°～120°角，脚掌着地，搁在舱底板上，脚趾蜷曲。

桨手的身体重心应位于划艇的几何中心之上。身体高大或体重大的桨手，应跪在重心偏后的位置，而体重轻的桨手则跪在重心偏前的位置。教练员可以通过观察运动员全速划桨时艇的平衡情况，来确定正确的跪膝位。

3. 划桨

目前，划艇划桨技术可分成固定髋的技术和转髋的技术，在转髋的技术中又可分成向前后移动和自身转动两种。不论运用哪种技术，其基本原则都是使舟艇平稳地向前推进，没有或接近没有前后左右的波动和摇晃。我国大部分优秀运动员运用以抬为主、以转为辅、静动结合的划桨技术。

划艇的划桨动作是单边划行，对艇的平衡控制比皮艇要困难得多。但与皮艇相同的也是连贯和有节奏地运动。只是为了理解动作过程而把一个划桨循环划分为入水、拉桨、操向、出水、恢复和稳定等几个阶段。

（1）入水：入水是从桨叶尖端接触水面到桨叶全部浸入水中的阶

段。入水是力量传递的重要部分。运动员在前一个恢复阶段有力摆动的基础上，再加速将桨叶靠近船体向前与船体平行地推出，使桨叶与水平面成锐角。这时，运动员的躯干前倾，转体伸肩，扭紧躯干，使背部接近于面向划桨一侧，两臂伸直，抬高推桨的肘部，使拉桨肩向前，推桨肩稍后移，肩耸起，肘微屈，手在头的上方。桨杆与水平面约成45度角将桨叶插入水中。

（2）拉桨：桨叶入水后，推桨手迅速前推并撑住，使桨叶抓住水。拉桨手的肩后移，利用抬体和转体的力量直臂向后拉桨。从入水后到拉桨，运动员应将身体重量压在桨上。拉桨时腰背挺直，臀部肌肉紧张。拉桨手拉至跪腿开始屈臂。拉桨手的手腕先向内转，同时肘部向外翻，到上体抬至接近垂直时拉桨结束。拉桨动作是由一连串连续的同时向两个相反方向运动的动作所组成的，要尽可能长地保持力的转移。

（3）操向（转拨桨）：在单人划艇上，由于桨手始终在艇的一侧划桨，力偶作用会造成艇的转动。因此在每一桨结束时，桨手用"J"形划法来控制舟艇的方向。桨手以推桨手的下压和转动"T"形桨把，拉桨手手腕内转上提，顺时针转动桨杆，将桨叶面转到与艇的纵轴线成30°～40°角。这时好像桨手把水推离舟艇，从而使舟艇回到直线航向上。

（4）出水：紧接着操向动作结束，两臂继续向前上提桨，桨叶即迅速从水中提出。这时桨叶的运动方向是向前、向上、向外。由于船速已在下降，出水动作必须快而轻柔，使桨叶出水时干净利落，不挑拨水花。桨叶与水面成135度左右角。

（5）恢复（回桨）：从桨叶出水到下一次桨叶入水之间，桨叶不在水中划行，属回桨阶段。当桨叶达到跪膝时，推桨手转动桨把并上提向前，拉桨手则在髋部附近和同侧髋部一起有力地前移。

桨叶出水后，运动员上身挺直，开始转动上体，将桨继续向前上方推出。在恢复阶段，应强调肌肉的放松和呼吸，这是使划桨动作连贯、协调的重要阶段。在恢复阶段的最后，运动员全身肌肉再度紧张，屏住呼吸，准备下一次桨叶入水。

呼吸、起航和冲刺技术

1. 呼吸

划皮艇时，在船上呼吸的频率一般与每分钟 90～110 次的划桨频率难以协调。呼吸频率的提高取决于运动员肺的工作效率（氧气利用率）。在船上，身体的姿势使人呼吸不畅，因此必须用胸腔做深呼吸，身体过分前倾或膝关节收得过高就不能进行深吸气。

应特别注意进行强制深呼吸，以保证最大可能地吸入新鲜空气，起航和冲刺前，增加深呼气将保证吸入充分的氧气。

为了保证呼吸自由，在短距离的激烈冲刺中应保持下颌向上翘起。因为通过鼻子呼吸可使用呼吸肌肉，保证嗓子不受凉气刺激，将吸人的空气加热、过滤并湿润。但在比赛中，需要大量的氧气，通过鼻子呼吸不能保障供氧。

划艇的桨频较低，与呼吸较易配合，通常在桨叶出水到下一次抓水前，强调肌肉的放松和呼吸。而在摆桨的最后阶段，桨手开始屏气，以保持肌肉的紧张，为抓水做准备。

2. 起航

起航是将船速尽快地加大到最大比赛速度。最常用的起航技术有以下两种：

一种是开始的三至四桨长且有力，其效率高但稳定性差。运动员双臂微微弯曲，因此大部分力量均通过躯干转动及肩进行传递。将不动的船很快加速需消耗大量的能量。一旦船速在 50 米至 60 米距离中达到所需的船速，桨频就加大了，推桨手一般与眼同高。这种桨频的变化应有节奏，不应破坏船匀速前进。拉桨之前一定应有 3～4 次深吸气，增加肺的吸氧量。在最开始划的 3～4 桨中，不能呼气，使肌肉群保持紧张，更好地进行力量传递。

另外一种技术，对体格较小的运动员较合适。开始的 4～8 桨划得快、短、中等深度，桨抬得较低，胳膊弯曲，靠转动躯干产生力量。当船速达到最高速后，即转入正常划桨技术。与前述技术相同，刚起航时划的几桨是一口气完成的，主要是防止因喘气使胸部肌肉放松。这种技术所需的力较小一些，船也较稳定，容易掌握。

皮艇运动员为了避免一开始就转桨，通常在起航时用左手划第一桨。而第一桨有可能使艇向右旋转，因此运动员在起航前排船时，应将自己的船头略向左偏约 15 度。

划艇运动员则根据自己划左右桨的特点来排船。划左桨的运动员将船头略向左偏，划右桨的运动员船头向右偏。

3. 冲刺

这里说的冲刺技术，实际上是冲线技术。皮划艇运动员在接近冲线时，利用艇身比人体体重轻的特点，使自己身体后仰，用力蹬艇向前。这种速度往往比划一桨的速度更快。

多人皮艇技术

一般来说，多人皮艇无论是双人皮艇还是四人皮艇，都与单人皮划艇的技术相同。但是多人皮划艇技术要求几名运动员有完美的协调、快节奏的技术、同步一致和合理的桨位安排。

1. 完美的协调技术

完美的协调是指在一条多人艇上 2 名或 4 名队员，其个人体质、生物特性、技术和心理上的特点可以互相弥补、互相取长补短而形成一个完美的整体。在生物特性方面，运动员对规定运动员量几乎有相同的反应，包括心率和恢复时间。这可以使教练员采用同一个训练计划而取得同样的提高。另一方面，在一条艇上，运动员最好能在不同的时间出现"极点"而不导致突然减速。

完美的协调还包括运动员心理上的协调。运动员之间应相互了解，团结协作，互相信任，互相宽容。大家有一个共同的长远目标，真正做到一条艇一条心，完美地合作，高度地团结，从而取得集体的胜利。

2. 快节奏的技术

多人皮艇技术首先强调单人皮艇的规范技术，除了完美的协调，在划桨技术上要求更快的节奏和速度。

3. 多人皮艇的抓水动作技术

多人皮艇的抓水动作要快，角度更小些。特别是 2、3、4 号桨手要适应领桨手划桨后快速流动的水，运动员要更快地在流水中找到更大的支撑力，这种支撑力对桨叶产生最大的反作用力以推进多人皮艇前进，这是多人皮艇技术中最重要和最困难的。由于流水速度快，拉桨时既要更快地用力，又要防止推桨臂过早地前移造成力量的转移。同样，多人皮艇桨叶的出水也比单人皮艇早。由于桨频较高，船速快，桨叶稍在水中拖拽就能引起艇的制动力。

4. 多人皮艇运动员的同步一致技术

多人皮艇要求每名运动员从抓水到出水完全同步一致，就像一个人在划一样，但是同时每个运动员不能丢失个人的风格。也就是说，每个运动员在多人皮艇上其效率应和在单人皮艇上相仿，而不因为取得技术上的同步一致而降低个人的划桨效率。同步一致对2、3、4号桨手提出了很高的要求，他们必须对桨手的桨频高度敏感，不能稍有落后。在某些情况下，甚至要使桨手有后面桨手在催的感觉。

5. 多人皮艇的桨位安排

教练员可以通过桨位比赛来选择队员，但运动员的搭配有基本上的要求，即领桨手可以矮一些，体重轻一些，节奏感强，战术意识强。尾桨手的体重应大一些，用较长的桨，有良好的跟桨能力。双人皮艇的两名队员最好有相似的风格和桨频，如果两名桨手的桨频差别大而又没有其他合适的运动员，教练员可以让桨频高的队员使用较大的桨叶的桨来调节他的桨频。

四人皮艇和双人皮艇相似，领桨手的体重最轻，最矮，后面桨手的身高和体重依次增高增大。由于后舱一般较宽，因此，最后座次应安排高大，健壮的桨手，使用较长的桨。在起航和加快艇速的时，在靠近尾部如能增加最大的力量，其效果是最好的。也可以把配合默契的双人皮艇的两名队员放在四人艇的前两个位置，以便协调和有节奏地领桨。

多人划艇技术

多人划艇同样要求完美的协调、快节奏的技术、同步一致合理安排桨位。由于单个划艇和多人划艇在技术上有较大的区别，因此更应注意技术细节。多人划艇的领桨手要求节奏好、抓水有力、出水快、个性顽强、平衡能力好、抓水时船头不下压，尾桨手要求操向熟练、善于跟桨。此外，运动员的耐力和疲劳极限是组成双人划艇平衡的重要因素，优秀的教练员常常安排爆发力强的运动员领桨，而将耐力好的运动员放在船尾。这样，当领桨手无力的时候，其他同伴将竭力相助。

两名桨手应在船艇的中心线上一前一后地跪立，但其双脚和双腿的位置与单人划艇所成的几何图形略有不同。支撑脚、跪膝和脚应紧靠一条线上，不像单人划艇形成三角形，但要以运动员感到舒适为宜。两个桨手之间的距离要足以让尾桨手自如地移动，划桨时不要将桨碰到伙伴。两名桨手跪立越近，扭力越小，划艇越可以较直地移动，很少操向。

双人划艇和单人划艇技术最大不同之处在于，双人划艇不必像单人划艇那样每次操纵船艇方向，使艇保持理想的航线，一般情况下不用操向，所以双人划艇速度比单人划艇快，桨频会高一些。对划桨技术要做适当调整，首先，应在更短的时间内完成每次划桨；其次，由于艇速较快，在艇的阻力最大时入水更加苦难，为了使拉桨有效，入水必须比单人划艇角度小一些。由于双人艇速度比单人艇快，起航的入水也应更快。因此，双人划艇的特点是快速地入水，加速出水。

皮划艇比赛战术

直道比赛战术

1. 领先战术

领先是 500 米皮划艇比赛中最常用的战术，这一战术的指导思想是在比赛中利用领先后坚持下去的方法给对手施加心理压力。根据项目的不同，起航时间与全程平均时间的差异在 3～5 秒之间。采用领先战术要求有专门的训练，因为前 100～150 米要以近乎最大速度划行，可能要持续 30～35 秒。在出发时的极大用力将引起肌肉乳酸高度堆积，为了能在高乳酸条件下划完一半赛程，运动员需要进行特殊的训练，可能仅仅是那些经过挑选的，在这种条件下进行全面的生理检测承受得了的运动员。

领先并坚持下去战术的训练，要求有大量的、持续时间为 30～45 秒的出发练习，以及较长时间的高强度、最大速度的练习。为了培养运动员不惜任何代价出发而取胜的气势，心理训练也是十分重要的。出发以后，当最大速度降到途中划速度时，运动员要用眼睛的余光扫视两边的艇，看看自己是否按预期的目标领先了那么多，根据实际领先情况，再按照比赛的进展调整途中划的速度。

控制比赛节奏是这一战术中的重要部分，胜负取决于运动员在激烈的出发以后能否放松及放松效果怎么样。如果他感到自信，没有谁会对他有所威胁，他可以将途中划速度降低到舒适的水平，以便接近终点时加速；如果出发后大家咬得很紧，也就是说自己略微领先或根本不占优势，那么他可以用尽可能高的速度。如果发现自己经过最大用力的出发以后仍处于失利的位置，这说明水平较差或是心理障碍。在训练过程中必须客观地评估这种战术，而且在控制时间尝试中，运动员必须反复地证明他能掌握这种战术。

桨频的控制也是这种战术中的重要部分，从最高桨频下降的百分点要小，转换期要平缓，不要影响艇的前进。特别是在多人艇中，动力和技术的时机的选择将大大地影响初速。艇的起点按竞赛规则必然静止起航，随着前三四桨，艇的速度将从零加到最大速度，这开始的几桨是非常特殊的，具有最高的动力和最小动力传递损耗，而且要求高度集中。在随后的 10～20 秒内，艇速和桨频达到最高点，此时运动员们像转动着的曲柄，如果继续维持这种情况，将会造成生理上的不良后果，所以桨频要降到次高的水平。

2. 匀速战术

采用这种战术的运动员划前半赛程的速度低于他的出发速度，而划后半段的速度却高于整个赛程的平均速度。换句话说，这一战术要求有较高的平均速度。对于平均分段来说，出发落差必须减少。由于较慢出发的运动员，不像采用领先技术的运动员那么快出现乳酸堆积，部分能量也可省下来供后半程使用。

起航时神经兴奋与肾上腺素水平处于支配地位，所以运动员采用这种战术时必须对起航有总体控制，而且要有出发后落后 2～3 秒的心理准备。

在皮划艇运动中，像跑步那样坚持严格的平均步幅战术是不实际的，因为出发后舟艇必须处于不受邻近舟艇波影响的位置，所以较快的出发将会打乱平均分段的平衡。出发后运动员可按教练员的平均分段战术调整划行速度。

平均分段战术的训练需要大量高强度桨频的训练和有控制的出发实践。特别是在多人艇中，通过身体动作语言的交流，建立起相互的能量输出和出发时的兴奋控制是非常必要的。领桨手的任务是在出发时控制正确的节奏和桨频，以便全队跟上。平均速度分段几乎往往就是指的均衡桨频，特别是在 1000 米比赛中。

所有的比赛战术都受天气的影响，而平均分段战术对于天气最敏感，因为它在比赛初期就要调整速度。天气情况会沿着赛程的长度而变化，强劲的横风会影响航程，所以在比赛之前，运动员就必须分析形势，相应地调整时间分配计划。

3. 负分段战术

负分段比赛战术正像在其他运动项目，如跑步、游泳等运动项目中所使用的战术一样，就是划完各个分段所耗费的时间是递减的，即时间增量是负数，所以叫负分段。按其他项目所说的负分段在皮划艇比赛中几乎是不可能的，因为舟艇要受到邻近舟艇的波浪的影响。但是在一个确实良好的出发之后，负分段战术对最后 500 米来说又是可能的。

负分段战术往往遭到航道裁判的误解。采用这种战术的艇在前 500 米可以乘浪，尤其当邻近航道上的艇是划得比较快的强手时。这时舟艇应划在本航道中间，以免航道裁判提出非议。对于划艇来说，因为单边划桨和左右乘浪的技术问题，负分段战术是能实施的。

负分段战术适用于 1000 米和长距离比赛。对 500 米来说，分段距离应该是 100 米。由于间隔距离太短，所以难以成功地控制负分段。这一战术的训练，需要良好的速度感和控制桨频的能力。最通常的是高强度和高速度相结合的练习，最好是较均匀地加速。

长距离比赛战术

长距离比赛战术主要是转弯绕标，运动员在标准场地划一大圈一小圈。在起航集体出发后，除了运用直道比赛的"领先战术""匀速战术"或"负分段战术"外，还可以采用规则允许的借浪战术（乘浪战术）。

借浪是利用前面一条艇的尾浪来帮助推动自己船艇向前的技术。如果自己的艇在前面艇的尾浪峰前，借浪运动员与前造浪运动员的速度"相同"，借浪运动员可以节省 30%～50% 的能量。

如果前面的艇吃水深或运动员较重的话，尾浪更大。乘浪就是将艇置于尾浪尖上，使艇尾翘起，使艇持续"顺山坡往下滑"。方法是划艇乘浪者将艇头与"造浪者"的跪垫连成一条线，与该艇相隔 100 厘米。皮艇乘浪者的艇头与"造浪者"的座舱成一线，也可以得到同样好的效果。

掌握好这一技术应学习流体力学。应认识到，前面艇的尾浪会将乘浪者的艇尾推向侧面，将其艇头向下吸，若无思想准备就会撞船，皮艇和划艇都会出现这种情况。

我们还应辨认乘第一浪，还是第二浪、第三浪。领先艇所造的第一浪最深，利用效果最好，而第二、第三浪几乎不能将艇尾托起。

单人划艇乘浪还需要有专项技术，也就是说要选择正确或错误的一侧乘浪。当以划桨一侧靠近领先的艇时，这是正确的一侧，为避免碰撞，每一桨都不要使自己的艇头靠近领先艇。这种乘浪较好。若以非划桨一侧靠近领先艇，吸力更大，需要强有力的操向。可见这是"错误的一侧"。

长距离比赛时，运动员在第一程直道上，常常力争成为领先群的一员。因为，出发后速度变化很大，会出现非法超越、挤撞等现象，聪明的运动员即使暂时吃亏，他总是会尽量避免碰撞。发生碰撞不仅会使艇停止前进，而且会损坏艇，折断桨，以致被迫放弃比赛。另外还可能因碰撞被取消比赛资格。按照比赛规则，凡与他人碰撞或损坏他人艇或桨的运动员，不仅从这项比赛，而且从全部比赛项目中开除。

　　长距离比赛的拐弯有专门的战术。皮艇运动员成群甚至成行地到达弯道，并在彼此的边浪上划行，各群艇的数目可能不同（一般是3～5条），所有这些艇不能同时拐弯。比赛规则指出："在弯道处，如果内道船头与外道船座舱前缘在一条线上时，在外道行驶的船要避让在内道行驶的船。"双人皮艇和四人皮艇都是指外道艇的第一座舱。单人划艇是指运动员的躯干，双人划艇则指第一个运动员的躯干。由此可见，在拐弯处领先的艇比落后的艇要略占优势，因此，在到达弯道之前，通常都要力争领先。一般情况下，是速度快的运动员领先占优，但速度慢的运动员如果战术运用得当，不一定会落后很多。例如接近弯道，在里道稍落后的运动员可以立即划到领先者的尾浪上去，这样他可以避免碰着弯道上的浮标，既拐了小弯又节省了体力，等到拐弯结束，他又悄悄地划到了领先者的边浪上去。右边的运动员，在这种场合只有两种选择：一是加速并与领先的艇几乎并排拐弯；二是留在后面绕到前者的尾浪上，然后再尽力赶上去。双人和四人皮艇一定要记住：艇越大，速度越快，拐弯越快，拐弯也就越困难。多人艇加速所花的时间长，由于惯性，其保持高速度的时间也长，运动员如果不注意这一点，在拐弯处就会发生许多不必要的碰撞。

　　划艇比赛中，要在开始一段直航道上取得优势比皮艇更难，一般在第一圈内既定的先后次序，一直到最后都很少改变，最多只有个别的变化。划艇比赛时，出发的速度非常快，目的是"全力向前"，如果落后就会遇到起伏多浪的水面，这就失去了最后获胜的希望。艇在拐弯前一般已定好次序，彼此鱼贯相随。单人划艇比赛中，可能几条艇齐头并进，但最后只会有一个领先者。其中将有许多战术上的较量，具有极好耐力而仅有中等速度的运动员常常选择下述战术：出发后马上赶上一条快艇的尾浪，保证自己在队列中处于第二位，这样既可积蓄力量又可保留随时取胜的机会，一举两得。

　　现今的单人划艇运动员，几乎都是技术全面、娴熟，能在彼此的边浪上划行者，所以单人划艇的战术非常类似于单人皮艇的战术，其中一点区别是拐弯处要更为小心，否则一个错误的动作就会使艇溜边（出弯道），而另一条艇则会趁机溜进来取得领先地位。另外，每个划在前者尾浪上的运动员都要做好准备，随时利用这种好机会，艇头始终对着前面艇的内侧，等前者一溜边，后者马上划进去取代他的位置。

在拐弯处发生的碰撞事故最多，所以无论如何都要避免碰撞。

在许多比赛中，战术方案使用得好，可以打乱对手的节奏和惯用速度。划在边浪或尾浪上的运动员暂时加速，给对手造成要超过去的错觉，大多数领先的运动员都会做出反应，并且加速维持自己的领先地位，于是尾随的运动员便落在边浪或尾浪的后面，如果乘浪的运动员有足够的体力，可以把前面造浪的运动员搞得精疲力尽，从而取得最后胜利，反之，造浪运动员可以轻易地用这种方法把乘浪运动员甩掉。

PART 7 裁判标准

赛艇运动裁判标准

裁判员职责

赛艇总裁判及副总裁判职责

总裁判在组织委员会领导下负责组织和领导大会裁判工作，能根据规则和规程，解决比赛中的有关问题，并可决定规则中未详尽或无明文规定的问题，但不能修改规则和规程。当裁判的判定意见不统一时，总裁判及副总裁判可根据具体情况作最后决定。裁判员不称职或犯有严重错误时，可调换、停止其工作或建议有关部门适当处理。运动员有不正当行为时，可批评、警告甚至取消其比赛资格。当运动员在比赛中有犯规或干扰、阻碍他人行为时，可取消其比赛资格，并有权决定被干扰、阻碍的运动员参加复赛或决赛，如在决赛中发生上述犯规情况，必要时有权决定该组重新比赛（犯规运动员除外）。应于赛前检查场地及设备是否符合规则的规定。审核各组比赛成绩并签字，然后予以宣告。最后宣布比赛结果。且在比赛结束后，总结裁判工作，副总裁判协助总裁判工作。当总裁判因故缺席时，由副总裁判代理其工作。

赛艇检查裁判长职责

领导编排记录员在赛前做好秩序册的编排、比赛的成绩公布、得分统计等工作，组织竞赛抽签，受理替换运动员的申请，领导检录员做好舟艇、轻量级运动员、舵手、加重物的称量、桨叶规格的检验、航道牌的发出和收回等工作。检查运动员的服装，必要时检查运动员的游泳能力（一般在赛前）和某些参加下一轮比赛的舟艇及加重物等，领导医务人员进行兴奋剂物质的检查。

赛艇取齐员职责

指挥比赛舟艇的船首在起航线排齐，并及时通知发令员发令，判断比赛舟艇是否抢航，如有抢航，立即举红旗，并出示抢航舟艇号码。

赛艇发令员职责

发令前5分钟，通知各队准备就位起航（全国性比赛要用法语），以后每间隔1分钟通告1次。发令前2分钟，点名并检查各队是否就位，对赛前2分钟仍未就位的舟艇，警告1次（与抢航1次等同）。协助取齐员指挥参赛舟艇对直航向，与终点联络，并根据取齐员信号及时发令，根据取齐员对抢航的判断信号，及时召回参赛舟艇，重新发令，宣布取消2次抢航犯规舟艇比赛资格，由助理发令员协助发令工作。

赛艇扶船员及百米区裁判员职责

扶船员在固定起航时，每航道均分1人扶定舟艇尾部，根据取齐员的指挥，使船首在起航线排齐。当听到"划"的口令时，立即放开舟艇，辅助人员在取齐员的指挥下，前后移动起航设施，使舟艇排齐，且把抢航或被警告舟艇的道次牌放倒，下一组比赛前，将其还原；百米区裁判员在起航后，应准确地观察比赛舟艇在百米区内是否发生器材损坏。如有发现，应及时发出信号，以便召回重新比赛。

赛艇航道主裁判职责

应十分清楚每组比赛的性质（预赛、复赛、半决赛、决赛、一次赛等），以便处理比赛途中发生的问题。要特别关心运动员的安全，且要配合取齐员、发令员和整个起航区的工作，使之按时发令和正确起航。注意参赛舟艇途中划行是否遵守规则。航道裁判不能给各队作指导。但对改变航向可能影响其他舟艇或可能发生聚集危险时，对改变航向的舟艇，可指正航向。如不改变，可警告一次。对警告无效或来不及警告而造成犯规的舟艇，有权取消其比赛资格，并有权决定停上该组的比赛，如不影响受妨碍的舟艇下一轮比赛，也可以不停止该组比赛。每组比赛结束，用白旗表示该组比赛进行正常，反之则举红旗，并将有关情况简要书面报告总裁判。

赛艇终点裁判长和裁判员职责

用音响信号表示舟艇通过终点线，判定每条舟艇通过终点线的名次，负责与有关裁判的联络并准确记录每条舟艇通过终点线的时间，摄录舟艇通过终点线的状况。

赛艇宣告员职责

负责临场广播宣传，介绍赛艇有关知识和比赛进行的情况以及有关注意事项，宣告比赛程序（包括运动员的分组名单、单位、道次等）和成绩公布，以及宣告大会开幕、闭幕、发奖等事项。

赛艇风速测量员职责

在规定的地方，按比赛时间及时、准确测量风向、风速，填报风速测量表上交。

赛艇场地联络员职责

由场地负责人派出，并由他参加有关的裁判工作会议，及时向场地负责人传达有关场地设备方面的意见，并将结果通报总裁判。向总裁判反映有关场地及安全方面的问题，促进各方面共同做好场地工作。

赛艇机动艇驾驶员职责

保证裁判工作和安全、治安等工作的及时需要，除规定的人员外，其他人不得上机动艇，除规定的机动艇外，其他机动艇不应在比赛航道内行驶。

赛艇仲裁委员会的职责

仲裁委员会受理比赛过程中对执行规则有争议的申诉。这种申诉，应在该项比赛结束后 12 小时内书面提出。仲裁委员会对这种申诉进行必要的调查研究。经过复审，如判定裁判员的决定是正确的，提出申诉的运动队必须坚决服从。如判定属于裁判员的错误，仲裁委员会应酌情对裁判员进行教育或处分。但是，不能改变属于裁判员在规则职权范围内的判定。仲裁委员会不受理按规则、规程规定应由执行裁判、裁判长、总裁判职权范围内处理的有关事宜。与竞赛无直接关系的违反纪律等行为，由组委会同有关方面进行处理。

比赛的申诉、审理及处罚

赛艇比赛申诉

在赛艇比赛中，运动员对裁判的判定有异议，应通过领队，并向仲裁委员会提出申诉，由仲裁委员会处理。在比赛中，运动员认为其他队员有不正当行为或妨碍了自己的成绩时，应在到达终点后，及时举手示意，并向终点裁判长口头申诉原因。回到码头后，如仍认为有必要，再由该队领队在该项比赛结束后 20 分钟内书面向总裁判申诉。如无运动员的上述口头申诉，只有书面申诉，则不予受理。

赛艇比赛审理及处罚

收到书面申诉后，总裁判应召集有关人员进行必要的研究，然后作出切实的判定。申诉合理、属实，如系某运动员受损妨碍成绩，总裁判应作出恰当的判定，给该运动员以补偿。如某运动员行为不当，总裁判可酌情予以批评、警告直至取消其比赛成绩、比赛资格。对上述申诉的审理，应尽快作出判定。一般在下一场比赛前通知有关方面。如系决赛中的问题，则应在全部比赛结束前予以解决。

比赛名次的判定

赛艇比赛的名次判定是以舟艇的艇首到达终点的先后次序为准判定名次。但要遵守下列原则：

（1）有舵手的艇，如果舵手不在艇上，该艇成绩无效。如果桨手不在艇上，能在规定封航时间内艇首通过终点，成绩有效。

（2）比赛舟艇虽然偏离航道，但未妨碍其他艇，并在终点裁判员视线之内，艇首通过终点，也判有效。

（3）两条以上舟艇同时通过终点，由于航道数目的限制，他们不能都参加下一轮比赛，这几条艇将重赛一次，以决出参加下一轮比赛的舟艇。如发生在决赛，高速摄像也无法判断先后，则名次并列。

（4）某舟艇在比赛中，因受到妨碍（如遇到其他漂浮物体），而未能进入下一轮比赛，则该艇将与本组比赛最后一名进入下一轮比赛的舟艇比赛一次，优胜者进入下一轮，如拒绝重赛的舟艇，作自动弃权处理。

皮划艇运动裁判标准

皮划艇静水比赛项目裁判标准

裁判员类别

监督国际比赛的人员如下：

总裁判长、技术主任、竞赛监督、发令员、取齐员、航道裁判员、弯道裁判员、终点裁判员、计时员、船艇检查员、广播员、新闻官员。若情况允许，一人可兼任两项上述职务。

裁判员人数（不包括仲裁和竞赛委员会）最多为：技术主任1人、发令员3人、取齐员2人、航道裁判员6人、终点裁判员3人、船艇检查员5人、医务官员1人、新闻官1人。

仲裁委员会、竞赛委员会和裁判员

在比赛中，仲裁委员会具有最高权威。仲裁委员会由5人组成，人员由ICF理事会指派。ICF主席或ICF的另一位成员被指定为仲裁委员会主席。根据规定，仲裁委员会下属的总裁判长和其他裁判员由静水竞赛委员会推选，报理事会批准。

竞赛委员会应由 3 名持有有效国际裁判证书的裁判员组成。他们应来自不同国家协会。他们的称谓是：总裁判长（竞赛委员会主席或副主席），副总裁判长（来自竞赛委员会），竞赛监理（来自组委会）。

成为国际划联静水比赛裁判员的程序

只有各国国家协会才有权提名报考人选，递交申请时每位候选人须支付 20 美元。

报考人的年龄为 25～65 岁，至少有 5 年的"国家级裁判"经验。至少在考前 2 个月，应将他们的姓名报送国际划联秘书长和静水竞赛委员会主席。

往往选定两人来组成国际划联静水竞赛委员会的下属委员会，这个下属委员会在奥运会和世界锦标赛期间，主持这项考试。考试使用 3 种国际划联官方语言中的一种，考试内容有国际划联章程、静水竞赛规则和实际的裁判工作经验。若某国家协会要求在其他时间进行考试，该协会应承担考官的差旅费和生活费。

若一次考试未通过，可报名参加另一次考试，但本年度内不得参加第二次考试。通过考试的人将获得有效国际裁判证书。报考人的考试所需费用应由其本国协会负担。

裁判员职责

在奥运会、世界锦标赛上，所有裁判员都应是得到承认的，并持有有效静水证书的国际裁判。

1. 总裁判长

也是竞赛委员会的主席，决定所有发生在实际比赛中，本规则尚未涉及到的问题。

2. 技术主任

应负责赛场的所有技术性电子器材（自动起航系统、摄像、计时系统、记分牌、无线电通讯、赛前和赛中的舟艇交通、船艇检查等）。

3. 竞赛监理

应监督比赛，保证比赛计划的正常进行，不得延误。若比赛时间有变动，应及时提前通知有关裁判员。还必须保证竞赛管理工作的正常运转（如比赛日程、抽签、成绩、技术文件、舟艇检查、新闻报道、抗议等）。应向广播员提供所有有关比赛的必要信息，如出发顺序，起航失败和未获得成绩的运动员名单。

4. 发令员

决定有关比赛出发的所有问题，独自决定抢航问题。发令员的决定是最终决定。发令员应使用英语。

发令员应确保起航设备处于良好的工作状态，并与竞赛委员会联系。当接到竞赛委员会发出的一切就绪的信号后，发令员应安排运动员各就各位，并按比赛规则完成出发。

5. 取齐员

取齐员的职责是把船艇带到起航线，不得有任何延误；要检查运动员的服装及背后的比赛号码，以及船上的航道牌。当所有船艇排齐后，取齐员应举白旗通知发令员，取齐员应使用英语。

6. 航道裁判员

应保证比赛时遵守规则。若违反规则，航道裁判员应立即将犯规情况向竞赛委员会报告。

（1）竞赛委员会应决定是否取消有关运动员的参赛资格。若航道裁判员必须报告犯规情况时，比赛后，他应举红旗示意，并在下一组比赛开始前写出书面报告。在此情况下，竞赛委员会应立即在该赛次成绩公布之前公布决定。

（2）若未出现犯规，航道裁判员则举白旗。

（3）在500米和1000米比赛中，航道裁判员应乘摩托艇跟随比赛。

（4）在比赛中，航道裁判员应绝对不受干扰，摩托艇上除航道裁判员本人和驾驶员外，不得有其他人员。

（5）在有许多运动员参加的长距离比赛中，可指定一个以上的裁判员。如有可能，在比赛时，他们中的一人应跟随领先的组，但不得妨碍其他的运动员。

（6）在航道有障碍的情况下，航道裁判员必须穿过比赛船艇，制止比赛，并挥动红旗，或用声音信号，直到所有的船艇停止划桨。此后，所有船艇应回到起点，航道裁判员应立即向竞赛委员会报告违规情况。

7. 弯道裁判员

当比赛沿着有一个或多个转弯点的航道进行时，每个转弯点都应分配一个或一个以上的裁判员和一个记录员，以便更清楚地观察船艇的转弯情况。

（1）弯道裁判员应负责指示运动员按照规则转弯，记录员应记录下所有通过转弯点的船艇。

（2）比赛一结束，弯道裁判员应向竞赛委员会报告船艇通过转弯点的情况，以及是否发生了犯规现象。

8. 终点裁判员

决定运动员通过终点线的顺序。裁判员应位于能够看清所有道次的位置。

（1）若裁判员对两条艇或对更多艇的名次持有不同意见，且无终点摄像时，应采取简单多数的方法解决争端。票数相等时，裁判长的投票有决定性作用。

（2）有终点摄像时，应将终点裁判员判定的名次与终点摄像的结果进行比较，终点摄像有决定权，录相不可代替终点摄像。

9. 计时员

负责记录时间。借助秒表或电子装置完成此项工作。

（1）计时长应保证电子装置处于完好的工作状态。计时长应对计时员进行分工。

（2）每次比赛结束时，计时长应将正式时间同其他计时员核对，并立即通知竞赛监理。

（3）每赛次至少用两块秒表计时。当秒表记录时间不同时，应视时间最长（最差）的表为正确。当收到起点的电子或目测的信号时，方可开表。计时员亦可兼任终点裁判员。

10. 船艇检查员

应协助技术主任检查参赛的船艇。任何不符合国际划联规格的要求（规则第六至八条）的船艇，应取消其比赛资格。

11. 广播员

在竞赛监督的指导下，宣布每赛次的起航、起航顺序及运动员在比赛时的位置。比赛结束后，宣布比赛成绩。

12. 新闻官

应向新闻单位、电台和电视台的代表提供关于比赛及其进展的所有必要信息。所有裁判员都应尽可能快地为新闻官提供正式比赛的成绩副本。

13. 竞赛委员会的职责

（1）组织和监督比赛。

（2）若遇到险恶天气，或其他意外情况，不可能完成比赛，可推迟比赛，并另外决定比赛日期。

（3）听取抗议并解决纠纷。

（4）决定比赛中因违反规则而被取消资格事宜。

（5）若运动员在预赛时受伤，竞赛委员会可允许其参加另一组预赛。

（6）竞赛委员会应根据国际划联静水竞赛规定作出决定。

（7）按照国际划联章程，也可实施惩罚，即在超过比赛质疑时间的情况下，取消资格。

（8）在裁决有关犯规问题之前，应听取有关仲裁的意见，该仲裁应是负责发生犯规的赛次的裁判。若认为有益于澄清事实，委员会亦应听取其他主持比赛的裁判员的意见。

激流回旋比赛项目裁判标准

裁判员类别

包括总裁判长、技术组织者、裁判长、分段裁判、赛道设计员、起点助理裁判、终点裁判、计时员、主记分员、起点裁判、舟艇检查员、安全裁判，医务官员和新闻官员仅在世锦赛和奥运会比赛中设置。裁判1～5必须是国际裁判。

国际级裁判报考程序

只有各国家会员协会有资格提名报考国际裁判的候选人，提交申请的同时交纳报名费20美元。申请人必须25岁以上，65岁以下，具备至少5年国家级裁判工作经验。各协会应于考前至少2个月将申请人姓名报送国际划联秘书长和激流委员会主席。

国际划联激流委员会随时选择两名考官组成分委会在奥运会或世界锦标赛期间组织考试。考试语言是在国际划联的三种官方语言中任选一种。主要考察申请人对国际划联章程和激流回旋比赛规则掌握的程度及其实践经验等。如果各国家协会请求在其他时间举行考试，则需承担考官的食宿和旅行费用。

如申请人考试末通过，可再考一次，重考的最早时间为第二年。考试通过的申请人可以获得国际划联裁判员有效证书。申请人考试费用由各国家协会承担。

裁判员职责

1. 总裁判长

按规则指导比赛。技术组织者负责为比赛作准备工作，指导整个比赛进行，安装比赛所需技术器材并维护器材的正常使用。

2. 裁判长

裁判长必须保证比赛的规则进行，执行竞赛规则，有权取消运动员比赛资格或批准重赛。裁判长要向国际划联秘书处和激流回旋委员会各递交一份比赛情况报告。

3. 分段裁判

分段裁判负责其所管的一段赛道，并由水门裁判协助，分段裁判负责在其分管的赛段进行正确的判罚，在与水门裁判商议后，他要做出是否判罚的决定。分段裁判需保存好运动员参赛情况的清晰书面材料。分段裁判要观察比赛进程以保证比赛公正。

参赛协会在 A、B 两类比赛中最多有 3 名分段裁判，非参赛协会可以有 3 名以上的分段裁判。

4. 水门裁判

观察他负责的水门。如水门集中，应派至少 2 名水门裁判。水门裁判需保存关于自己对每一名运动员参赛情况做出的判罚情况的清晰书面材料。水门裁判要通过清晰的信号将其对运动员做出的判罚通知分段裁判。

各分段裁判应通过举起标有相应数字的圆盘示意。

5. 起点裁判

应保证运动员按正确顺序出发，并发出出发信号令。如某一运动员有以下情况发生，起点裁判可拒绝其出发：

（1）不遵守安全规定。

（2）在点名出发时未到达起点。

（3）着装不正确或无号码。

（4）不听从起点裁判指令。

6. 起点助理裁判

起点助理裁判应确认参赛运动员的艇和个人着装符合安全规则（安全头盔、救生衣和艇），检查艇上有无舟艇合格证。阻止不符合安全规定的运动员出发，由于以上原因造成的延误责任由运动员承担。

7. 终点裁判

终点裁判与起点裁判配合，确定运动员何时能够完成比赛。

8. 计时员

计时员计算比赛结果并予以公布。

9. 主记分员

主计时员负责比赛结果并予以公布。

10. 赛道设计员

赛道设计员负责赛场设计，并确保赛道在比赛中始终保持原貌。赛道设计员负责合理悬挂水门和安放其他设备，并随时准备在必要时对器材设备进行维修好调整。

11. 舟艇检查员

舟艇检查员负责确保参赛艇的规格和重量符合规则要求并在艇上作上标记，确保艇和救生衣符合规定并可作上标记。

12. 安全裁判

安全裁判与救生小组一起，按比赛实际情况和需要救助翻艇运动员，必须具备救生和急救器材，以便在出现严重事故时为处于危境中的运动员提供有效的援助。一名医生必须始终在赛场。

一位裁判可以同时负责两项或多项工作。

比赛中，裁判员不得提醒或以任何方式为运动员提供技术指导。水门裁判不允许以任何方式指出运动员的失误以致分散运动员注意力。

官员类别及职责

根据比赛性质和重要性，激流回旋比赛一般由下列官员管理。

1. 竞赛委员会

每次国际激流回旋比赛必须成立一个由 3 名委员组成的竞赛委员会。竞赛委员会的委员必须是国际级裁判。竞赛委员会的委员由组委会在参赛协会提出的候选人名单中选定。每一个参赛协会在竞赛委员会中只能有 1 名委员。主办国协会的代表必须领导竞赛委员会。

竞赛委员会接受有关不遵守竞赛规则的抗议，在对规则的理解不一致时拥有最终的解释权。竞赛委员会的决定必须符合国际划联的规则；竞赛委员会有权取消一个运动员参加全部比赛的资格；竞赛委员会在比赛中对竞赛规则中未提及的问题作出决定。

如果在投票表决时票数相等，竞赛委员会主席拥有最终决定权。

2. 国际划联官员

（1）仲裁委员会：仲裁委员会享有最高权力。仲裁委员会最多由 5 人组成。人员由国际划联理事会指定。由国际划联主席或成员担任仲裁委员会主席。总裁判长及其他技术官员按规定服从仲裁委员会领导，针对裁判长的申诉在裁判长宣布决定后 20 分钟内交给仲裁委员会主席，同时缴纳 25 美元（或主办国等值货币）。仲裁委员会的决定是最后裁决，如申诉成立则退还申诉费。

（2）裁判员：由竞赛规则规定的由总裁判长领导的裁判管理。每个裁判可担任多项工作，除赛场委员会外，他们不能担任国家队工作，如领队、教练等。这些裁判员的姓名在国际划联总部公布的时间之前送交国际划联激流委员会主席，以便报国际划联理事会批准。

仲裁、总裁判长、技术官员、裁判长及赛场委员会委员在比赛期间的食宿费用由组委会负担。

PART 8 赛事组织

就比赛而言，竞赛组织工作可以分为竞赛前准备工作、竞赛期间工作和竞赛结束后工作三个阶段。赛艇皮划艇作为两项水上运动的大项，其赛事组织的程序基本相同，下面我们就以中国赛艇竞赛为例为大家介绍赛艇、皮划艇运动的赛事组织工作。

竞赛前的准备工作

赛前准备工作时运动竞赛组织管理中非常复杂而重要的阶段，竞赛能否举办成功在很大程度上取决于准备工作是否做得充分。因此，组织竞赛活动必须重视赛前准备工作。赛前准备工作可分为筹备、全面准备和试运转三个阶段。

筹备阶段

1. 确定组织方案

（1）比赛名称和目的、任务。

确定比赛的名称应根据比赛的内容、性质、时间喝规模等因素综合考虑。比赛的目的和任务，不仅要考虑到比赛的性质和动作特点等因素，还应结合当时的形式和中心任务。

（2）比赛的规模。

确定参赛单位和各类参赛者的限额、比赛的具体地点、场地状况和委托承办单位等。

（3）比赛的组织和机构

本着精简的原则，拟定组织机构和工作人员数量。

（4）经费预算

本着勤俭节约的原则，对每一项经费进行认真的预算，注意留有一定的余地，并制定经费计划，确定增收节支的措施等。

2. 建立结构

建立组织机构是运动竞赛组织、管理工作的关键环节，机构设置要合理，职能划分要明确，这对圆满完成任务至关重要。

（1）组委会

组委会是整个组织工作的最高领导机构，一般由主席、副主席及委员等若干人组成。组委会的职能一般有以下几项：

审议通过组委会或竞赛委员会的参赛范围及人员组成；

审议批准各职能结构的机构及主要负责人名单；

审议批准竞赛组织的各项实施方案；

审议批准大会经费的使用原则、范围及大会预算、决算方案；

裁决竞赛组织过程中的重大问题。

（2）组委会办公室

组委会办公室是组委会的综合职能部门。办公室的组成、任务和工作范围是根据运动竞赛的规模、项目的设置、比赛的形式、上传下达文件和文档管理。

（3）竞赛部

竞赛部是运动竞赛组织管理中心专业性很强的办事机构，在整个竞赛组织过程中处于核心地位。其主要任务是负责运动会竞赛方案方面的制定和实施。

（4）新闻宣传部

新闻宣传部是组委会统一领导下的职能部门。他的主要任务是宣传教育和组织新闻传播工作，运用各种形式扩大比赛的社会影响。

（5）场地器材部

任何体育比赛都离不开场地器材，对皮划艇比赛更是尤为重要。场地器材部的赛前工作十分艰巨繁重，其主要任务是按照规则要求准备好比赛场地和各种裁判器材。

（6）安全保卫部

安全保卫部是运动竞赛组织管理中不可缺少的重要机构之一。它的主要任务是负责组织和实施运动竞赛的各项安全保卫工作。竞赛安全保卫机构一般有竞赛活动主办单位或承办单位的内保组织、公安机关和有关单位及部门共同组成。

（7）行政后勤部

行政后勤部其主要任务是加强财务管理，做好接纳、食宿、交通、通信、医疗、卫生等方面为全体与会人员提供良好的生活环境和工作条件。行政后勤部一般有财务管理岗、行政管理岗、生活管理岗、交通管理岗、接纳管理岗和医务岗组成。其人员数额，可根据不同的工作量，采取一岗多人或一人多岗的原则分配。

组织结构确立以后，应根据精简高效的原则，并视实际使用情况分批借调工作人员。工作人员的总数不宜过多。要避免机构臃肿、人浮于事。

3. 制定各部门的规章制度和工作计划

组织机构建立以后，应建立健全各部门一系列规章制度，明确岗位职责，提供行为准则，并根据各部门的主要职责，拟定具体工作计划。各职能部门的工作计划一般包括时间、阶段、工作内容、质量要求、进度、执行人、责任人等内容。

全面准备阶段

各职能部门的工作计划经组委会批准以后，到各代表队报到为比赛的全面准备阶段。此阶段各职能部门根据各部门的主要工作计划开始全面准备工作。各部门主要任务现分述如下：

1. 组委会办公室

（1）根据组委会的决议，筹备召开几个大型会议的具体组织工作。包括组委会会议、组委会常务扩大会议、各部门工作联系会议、运动会筹备工作会议等。确定各种会议的名称、规模、主要任务、内容和召开时间。

在组织会议时，要做好以下几个方面的工作：

会前准备：主要内容包括确定会议议题，拟定会议日程，准备会议材料和布置会场等；

会前检查：检查会议准备情况，确保大会顺利进行，检查内容包括会议材料准备情况、会议程序安排情况、出席人员落实情况、会场布置情况等；

会间组织工作：规模较大、时间较长的会议，一般成立大会秘书处或会议领导小组，以加强对会议的领导，另外，会议期间应设文字秘书和联络员，做好会议记录、收集；

会议善后工作：包括整理会议纪要或会议文件，即时上报下达，收集、整理会议资料并存档，进行议会工作总结。

（2）提出大会基本工作程序的方案。为了有效地协调和控制运动竞赛组织管理工作的进度，组委会应在各职能部门工作计划的基础上，拟定整个运动竞赛组织管理基本工作程序。其形式可采取拟定工作流程图的方法。此外，为了表明各项工作在实践与逻辑上错综复杂的关系，更好地协调各部门的各种工作，也可采用计划网络图的形式编制竞赛组织管理基本的工作程序。

（3）检查组委会各项方案的落实情况。

（4）协调委员会成立运动运所需的各种特殊结构，如开幕式、闭幕式的临时指挥部。

2. 竞赛部

（1）勘查比赛的场地，按规格要求检查验收场地器材设备的准备工作。

（2）确定竞赛仲裁委员会成员和总裁判长、副总裁判长人选。

（3）做好竞赛的报名、注册与统计工作。竞赛的报名、注册与统计是参赛单位取得合法参赛权的标志，必须严格按照竞赛规程有关规定办理。收到报名单后应逐一进行审查、核实。审查的内容主要是：

报名是否逾期；

报名人数是否符合规定；

服装及颜色是否按规定填报；

报名人数是否符合规定；

报名表格项字迹是否清楚，有无姓名相同或错误、漏项等情况，报名表最好用计算机填报，审核完毕后方可进行各类人员统计。

（4）指导、协助报道、接待等各项工作的落实。

（5）编印秩序册。秩序册包括以下内容：

竞赛规程及补充通知；

大会组委会；

大会办事机构；

仲裁委员会；

裁判员名单；

各代表队名单；

大会日程及竞赛日程。

3. 新闻宣传部

（1）社会宣传工作

包括制定、撰写本次比赛的各项宣传材料，征集或拟定大会宣传口号，确定宣传方式及宣传手段；负责运动会宣传品的设计、制作环境和赛场布置方案。

（2）思想教育工作

思想教育工作包括：制定对参加运动会各类人员的教育计划；拟定运动员、教练员、裁判员、各参赛单位应注意事项和有关体育道德精神文明等方面的要求；撰写并引发宣传材料和观赛人员须知等，并通过各种渠道加以宣传；确定思想教育具体实施方案，落实宣传手段。

（3）新闻报道工作

包括召开新闻发布会、向有关新闻单位发出采访邀请、组建新闻中心或新闻室、制定新闻报道计划。

4. 场地器材部

（1）按照规定，有计划地对场地进行全面布置，落实器材和人员。并在比赛前一周完成各项工作。赛前三天，该部门负责人还应陪同总裁判长分别对起点、航道、终点码头和建设实施进行全面检查，不合格的地方要立即改正完善。对确实达不到要求的设施，要经总裁判长或竞赛委员会同意。

(2) 落实各裁判点的裁判器材，对损坏的器材要及时修理，缺少的部分要及时补充。

5. 安全保卫部

(1) 负责建立竞赛期间内部的安全保卫组织网络，加强安全保卫工作的组织和领导。制定安全保卫工作计划和有关具体活动的安全警卫方案。对可能引起不安全因素或影响比赛秩序的地方要重点研究，并有切实可行的应急方案。

(2) 负责对有关比赛场地、运动队驻地等活动场所的比赛设施、生活设施等进行安全检查，制定和落实安全保卫措施。

6. 行政后勤部

(1) 编制各项经费预算，确定开支标准及管理办法。

(2) 做好各类物质管理。对各部门所需的各类办公用品、通信、服装、器材、交通工具、奖品、纪念品、生活用品等及时按计划购置和准备，以保证各部门的使用，建立各种物品出入库手续和领取、发放、使用制度。

(3) 做好生活接待的准备。包括住宿的接待准备、饮食的安排等。

(4) 做好交通车辆的管理和调配。指定大会各部门车辆配备原则、标准、管理和使用办法；负责做好车辆的安全检查。

(5) 做好接站准备工作。因条件有限而不能接站时，应注明详细的乘车、转车路线，以保证有关人员顺利到达赛场。

(6) 配备专门为大会服务的医务人员和必备的药品。同时联系确定为赛区服务的对口医院，配备救护车辆，以备急用。

试运转阶段

运动员报到后至运动会开幕前为试运转阶段。

运动员报到后竞赛部门应组织开好全体裁判员会、领队会和裁判长、教练员联席会暨抽签仪式，并安排好各运动队的赛前训练。

1. 裁判员会

裁判员会由国家体育总局水上运动管理中心的领导和总裁判长主持，会议主要有以下内容：

（1）对裁判员进行点名，凡迟到者、缺席者要说明理由，以便及时调整或抽调人员。

（2）介绍本次比赛的日程和生活安排。

（3）介绍本次比赛的竞赛规程和有关规定以及比赛的特点。

（4）组织裁判员学习规则，特别要认真学习新规则，并了解当前此项运动的发展趋势及动态。

（5）根据裁判员的特点进行分工，并要求都是每一个裁判岗位的骨干裁判。必要时，也确定裁判员的轮岗名单，这样做可以加快裁判员的培养。

（6）安排裁判员分组学习，讨论裁判细则。

（7）确定裁判员学习的时间。

2. 领队会

领队会由国家体育总局的领导和组委会的负责人主持，会议主要有以下内容：

（1）传达组委会、竞赛委员会的有关决议、规定，明确参赛规程中的有关规定。

（2）组织评选体育道德风尚奖。

（3）介绍比赛的筹备工作以及赛场的情况。

（4）提出思想教育、安全保卫、生活管理等方面的要求。

（5）宣布竞赛日程安排和重大活动安排。

3. 教练员、裁判长联席会暨抽签仪式

教练员、裁判长联席会暨抽签仪式有国家体育总局水上运动管理中心的领导、竞赛部的负责人主持，会议主要有以下内容：

（1）由竞赛部门的负责人简要介绍本次比赛的筹备和赛场情况。

（2）由水上中心的领导就比赛中的有关情况进行说明，如比赛规模、报名资格、会员证、体育道德风尚以及其他需要召开的技术性会议的时间和地点。由总裁判长向与会人员介绍各岗位的裁判长。

（3）介绍本次比赛的概况，包括参赛项目、参赛人数，参赛艇数、赛场情况以及裁判员的组成；阐明比赛过程中有关裁判员执法工作中的技术问题，如抽签方式、出发的方式、出发及召回的信号、扶船的方式、水上交通规则和运动员的放松区等。

（4）在此阶段，各职能部门的主要任务是通过运动员的训练、裁判员实习以及各队报到后的意见和反映，对前期准备工作进行查漏补缺、及时调整，以保证比赛的顺利进行。

竞赛期间的各项工作

竞赛阶段是整个比赛的主要阶段，即从开幕式到闭幕式结束。在此阶段，各职能部门必须紧紧围绕竞赛工作这个中心，协调有序地开展各项工作，高质量地保证竞赛顺利进行。各部门的主要任务如下所述：

组委会办公室

（1）完成大会的各种票证的分配和销售工作。

（2）开、闭幕式临时指挥部办公室的值班和通信工作。

（3）负责邀请有关领导和其他人士参加大会各项重大活动。

（4）做好对各代表的联络服务工作。

（5）负责各部门工作情况反馈。

（6）按时印发大会的情况简报。

（7）组织安排好各代表的迎送仪式。

（8）负责协调各职能部门的工作等。

竞赛部

（1）做好每日成绩公告，并按大会组委会规定及时汇报当日的比赛结果。

（2）严格控制比赛进度，防止比赛出现脱节、漏洞和误差，及时处理竞赛中发生的一切重大问题，并向组委会有关部门汇报。

（3）做好颁发奖牌、奖品、纪念品的准备工作以及填写获奖证书的工作，并配合组委会进行颁奖。

（4）加强对裁判员的管理。

（5）分级做好运动员的管理。

（6）加强赛风管理。

（7）协调兴奋剂检测人员做好兴奋剂检测工作。

新闻宣传部

（1）采取各种形式做好对参赛运动员、裁判员、工作人员和观众的宣传教育工作，大力进行遵纪守法的宣传教育，同时鼓励运动员（队）赛出风格、赛出水平，宣传比赛中的积极事例。

（2）做好记者采访组织工作，为记者采访提供服务。

（3）搞好驻地和赛场的环境布置。

（4）组织开展"体育道德风尚奖"的评选活动。

场地器材部

（1）认真做好对赛场器材的检查。

（2）对损坏的器材做到及时修理。

安全保卫部

（1）做好大会驻地的安全保卫工作，特别是重要部门，如终点塔、停船场、新闻中心的安全工作。

（2）做好维持赛场秩序工作。

（3）负责大会车辆的交通安全工作。

（4）保证出席大会各种仪式的各级领导的安全。

（5）制证、发放各类人员在大会期间的证件。

后勤部

（1）妥善安排好运动员、裁判员的住宿。

（2）要切实办好各类参赛人员的餐饮，严格把好食物卫生关。

（3）根据各项运动和比赛的要求，认真做好交通车辆的安排和管理。

（4）做好运动队、裁判员的返程车、船、机票的登记订购工作。

（5）监督各职能部门的经费使用情况。

（6）做好竞赛期间的医疗救护工作。

竞赛结束工作

（1）比赛结束后，及时把运动员成绩、团体总分、各单位获奖牌数等资料进行编制和印发比赛成绩册。

（2）后勤行政部门办理各队离开赛区的各种手续，以便他们能及时离会。

（3）对即将离开的人员，如裁判员、志愿者、观众及赞助商表示感谢。

（4）用于比赛的场地、器材、服装、用具等物质设备的归还、转让、出售和处理。

（5）用于比赛的所有文件资料归类、整理好交主办单位存档。

（6）财务决算、平衡账目。

（7）进行工作总结，发送报告给赞助商、当地政府和上级体育主管部门。

PART 9 礼仪规范

入场礼仪

以奥运会为例，入场时，各运动员是以一种愉悦的心情来参加奥运会的，因此会有一定的随意性，例如，向观众招手、照相留念等。但就礼仪规范来说，对运动员行进姿势还是有一定的要求。

第一，行进的要求。行姿属于人的全身性综合运动，届时对运动员总的要求是：轻松、矫健、优美、匀速。

（1）全身伸直，昂首挺胸。在行进中，要面朝前方，双目平视，头部端正，胸部挺起，背部、腰部、膝部要避免弯曲，使全身看上去形成一条直线。

（2）起步前倾，重心在前。在行进中，身体稍稍前倾，全身的重心落在反复交替移动的那只脚的脚掌上。需要注意的是，当前脚落地、后脚离地时，膝盖一定要伸直，踏下脚之后再略微放松，并即刻使自己的重心前移，如此才会显得步态优美。

（3）脚尖前伸，步幅适中。在行进时，向前伸出的那只脚要保持脚尖向前，尽量不要内向或外向。所谓步幅适中，是指行走时保持前脚脚跟和后脚脚尖二者间距离为一脚长。

（4）直线前进，由始至终。在行进时，双脚两侧走出的轨迹，应尽量呈现为一条直线，与此同时，要避免身体在行进过程中的左摇右摆。

（5）双肩平稳，两臂摆动。在行进中，双肩、双臂要自然，切忌过于僵硬呆板。双臂应一前一后、有节奏地自然摆动，摆动的幅度以30°为佳。

（6）全身协调，匀速前进。在行进时，大体上在某一个阶段中速度要均匀，要有节奏感。

第二，在行进中也会有一些禁忌。按照礼仪规范，运动员在行进中有一些基本的禁忌。如果不注意，就会造成失礼。一般而言，禁忌主要有四点：

（1）方向不确定。在行走过程中，应保持平直的行进路线，不应左右不定。

（2）瞻前顾后。行走过程中，不应左顾右盼，尤其不应回头来注视身后。

（3）速度不变。应保持匀速行进，不应忽快忽慢。

（4）八字步态。行走过程中，脚尖内向或者外向，就会形成所谓的"内八字"、"外八字"。这些步态都很难看，故应尽量避免。

领奖礼仪

颁奖仪式，在此是指一项比赛结束后，为获得冠、亚、季军的优秀运动员或运动队颁发金、银、铜牌的具体程序。

举行比较高级别的运动会的颁奖仪式时，通常都设置阶梯形领奖台。届时冠军站在中间最高的一级台阶上，亚军站在冠军右侧较低的一级台阶上，季军站在冠军左侧更低的一级台阶上。

在国际比赛当中，一般在颁奖仪式中奏冠军所在国家的国歌，并同时升冠、亚、季军三国国旗。其中冠军国国旗居中，位置最高；亚军国国旗居右，位置次之；季军国国旗居左，位置最低。此处所言左中右是指就国旗自身而言，而不是从观众视角看上去的左中右。

在颁奖仪式上，获奖的运动员在嘉宾为自己颁发奖牌时，需注意以下几点：

第一，颁奖程序。获得冠军、亚军、季军的参赛运动员，应身着正式服装或运动服登上领奖台，并面向官员席。

第二，基本礼节。在国际级别的运动会上，颁奖嘉宾和运动员都会互相致意。此刻所通行的礼节有二：

（1）拥抱礼。在西方，特别是在欧美国家，拥抱是十分常见的一种礼节。如今在奥运会颁奖仪式上，颁奖嘉宾为运动员颁奖之后，相互都会习惯性的行拥抱礼。正规的拥抱礼通常应为：双方面对面站立，各自举起右臂，将右手搭在对方左肩后面，同时左臂下垂，左手扶住对方右腰后侧。

（2）亲吻礼。亲吻礼也是奥运颁奖仪式上常见的礼节之一，它往往会与拥抱礼同时采用。即双方既拥抱、又亲吻。行亲吻礼，通常以自己的唇部接触对方的面部，但它忌讳发出亲吻的声音，而且不应当将唾液弄到对方脸上。

除了向嘉宾致意之外，运动员还应该向观众致意，以示感谢。

在颁奖仪式上，赛会方在介绍冠、亚、季军以及升旗仪式时，观众应保持安静。在介绍完获奖运动员或者升旗仪式之后，则可以尽情地欢呼和鼓掌。

握手礼仪

握手是通用的一种礼节，也是在国际上所广泛使用的致意方式。在各种运动会比赛前后，在运动员和运动员之间、运动员和裁判员之间、运动员和嘉宾之间都常常会行握手礼。

在行握手礼时，动作、方式、顺序、表情等都有所讲究。总的来说，有以下三点值得注意。

第一，讲究方式。在行握手礼时，双方均应该保持站立，并迎向对方，坐者此刻则应该起立。在伸手与他人相握时，手掌应垂直于地面，以右手与对方右手相握。握手时，应该稍许用力，上下晃动几次，并且停留两三秒钟。在与男士握手时，力度应该较与女士握手时大，并且应该握住全部手掌。与女士握手时，则不宜过紧，并且只需轻轻握住手掌的前部和手指。在握手的过程中，要注视对方的眼睛，不能"目中无人"，并应同时面带微笑，伴以简单的问候语。

第二，注意顺序。握手时，讲究"尊者居前"，即应该由双方中地位较高的一方先伸手。在女士和男士握手时，应该由女士先伸手。在运动员与裁判员或者嘉宾握手时，一般是裁判员或者嘉宾先伸手。在东道主运动员与其他国家的运动员握手时，应由东道主运动员先伸手，以表示欢迎。在与多人握手时，则应该遵循"由尊而卑"或者"由近而远"的顺序。

第三，避免犯忌。握手时的禁忌包括以下五点：

（1）不宜用左手与人握手。用左手与人握手是极不礼貌的行为，握手只能用右手。

（2）不宜用双手与异性握手。与异性握手，只能用单手轻握的方式。

（3）不宜与多人交叉握手。在与多人握手时，应该依次进行，不能交叉握手。

（4）不宜戴着墨镜与人握手。

（5）不宜戴着手套与人握手。在某些戴手套的运动项目中，运动员应该先脱掉手套再与人握手。

观赛礼仪

赛艇运动观赛礼仪

赛艇比赛对观众的限制较少，可以放声呐喊、擂鼓助威，但在观看比赛前一定要做好防晒准备，如涂防晒霜，戴遮阳镜、帽等。此外，比赛水域不允许观众下水游泳。

除了少数的特别热情的观众能够骑着自行车一路追着赛艇观看，大多数观众不是在起点看赛艇出发时争先恐后的激烈场面，就是在终点等待最后冲刺决出胜负的惊心动魄的场面。

尽管比赛时间不短，但是大多数观众能看到的热烈场面却只有短短的几分钟。所以如果去看赛艇比赛，观众要有点自得其乐的心情，因为很可能你等待很长时间，才看到几分钟的精彩，所以在等待的过程中，要学会打发时间和邻座的人聊聊天，预测下一个比赛形势，哪怕只是坐在那里什么也不做，呼吸一下潮湿的风，晒晒太阳，珍惜和大自然密切接触的机会，也是很好的。当然，当运动员划着赛艇过来的时候，观众应该为赛手们鼓掌欢呼，以表示对他们的鼓励。

皮划艇运动观赛礼仪

皮划艇比赛是一项能够给人很大美感和愉悦享受的运动，它既有激烈的对抗和竞争，也有运动员完美发挥技术时展现的运动之美和韵律之美。

观看比赛的时候，观众能观赏到运动员矫健的身手、有力的动作，以及漂亮的舟艇在激流中划过的轨迹。再加上人体所必备的阳光、空气、水三大要素，无不给人以美的享受。观众观看皮划艇比赛要动静结合。皮划艇激流回旋比赛的主要看点在于观赏激流中人与自然的搏斗以及运动员如何运用自己的娴熟的技巧和坚强的毅力穿越激流，战胜复杂多变的环境。此外，皮划艇比赛因为在室外进行，加上水的反光作用，观众一定要注意防晒并进行适当的防暑降温的保护。

皮划艇项目的比赛场地都选在室外，观众也只能在水面的两岸为运动员加油助威。在静水比赛项目中，无论是单人项目还是多人项目，比赛的关键在于节奏的掌控。观众最好能找准运动员的比赛节奏，跟着运动员划桨的节奏为他们加油，这样才会真正帮助运动员。此外应该注意的是，比赛水域不允许观众下水游泳。

PART 10　明星花絮

赛艇明星花絮

国际赛艇运动明星

卡斯琳·鲍罗恩

中文名：卡斯琳·鲍罗恩

英文名：Kathrin Boron

国籍：德国

性别：女

身高：1.84 米

出生日期：1969.11.4

项目：赛艇

鲍罗恩是德国最优秀的女子赛艇
选手，在女子双人双桨和四人双桨项
目具有很强的实力。4 次获奥运会冠
军，在世锦赛中也多次夺冠。

　　作为一名优秀的德国冠军划手，
16 年前她在巴塞罗那奥运会双人双桨
无舵手项目中赢得了第一枚奥运金
牌，此后她加入了四人双桨无舵手代

卡斯琳·鲍罗恩

表队并在四年后的亚特兰大奥运会上夺冠。悉尼奥运会上，她又重新回到双人单桨无舵手项目中并再次问鼎。雅典奥运会上她又回到了四人双桨无舵手项目并收获了第4枚金牌。作为波茨坦俱乐部的一员，她还曾8次获得赛艇项目的世界冠军——5次在双人双桨无舵手项目中，3次在四人双桨无舵手项目中。

主要战绩：

1990 年世锦赛双人双桨冠军。

1991 年世锦赛双人双桨冠军。

1992 年奥运会双人双桨冠军。

1993 年世锦赛双人双桨亚军。

1994 年世锦赛单人双桨第亚军。

1995 年世锦赛单人双桨第 4 名。

1996 年奥运会四人双桨冠军。

1997 年世锦赛四人双桨冠军，双人双桨冠军。

1998 年世锦赛四人双桨冠军。

1999 年世锦赛双人双桨冠军。

2000 年奥运会双人双桨冠军。

2001 年世锦赛双人双桨冠军。

2003 年世锦赛双人双桨亚军。

2004 年奥运会四人双桨冠军。

2005 年世锦赛四人双桨亚军。

2007 年世锦赛四人双桨亚军。

佩蒂·卡皮宁

中文名：佩蒂·卡皮宁

英文名：Pertti Karppinen

出生地：芬兰威马

国籍：芬兰

性别：男

出生日期：1953.2.17

身高：2.00 米

项目：赛艇

卡皮宁被誉为"单人双桨之王"，在 1976 年加拿大蒙特利尔奥运会上，他成功地后来居上，以两秒多的优势获得了单人双桨比赛的金牌。1980 年苏联莫斯科夏季奥运会上，卡皮宁成功卫冕。1984 年美国洛杉矶奥运会上，卡皮宁再次战胜老对手，夺得了单人双桨比赛的金牌，实现了单人双桨奥运三连冠。此外，他还两度获得世锦赛冠军。在比赛中卡皮宁以后来居上而著称。他是奥运会赛艇项目历史上，两位获得单人双桨比赛三枚金牌的运动员之一。

佩蒂·卡皮宁

主要战绩：

1976 年 蒙特利尔奥运会，男子单人双桨冠军。

1977 年 世界锦标赛，男子单人双桨亚军。

1979 年 世界锦标赛，男子单人双桨冠军。

1980 年 莫斯科奥运会，男子单人双桨冠军。

1981 年 世界锦标赛，男子单人双桨亚军。

1984 年 洛杉矶奥运会，男子单人双桨冠军。

1985 年 世界锦标赛，男子单人双桨冠军。

1986 年 世界锦标赛，男子单人双桨亚军。

1987 年 世界锦标赛，男子单浆双桨季军。

史蒂芬·雷德格雷夫

中文名：史蒂芬·雷德格雷夫

英文名：Steven Redgrave

出生地：英国阿梅尔萨姆

国籍：英国

性别：男

出生日期：1962. 3. 23

运动项目：赛艇

史蒂芬·雷德格雷夫是历史上最伟大的赛艇运动员之一，也是最具传奇色彩的赛艇选手之一。他是唯一一位连续在五届奥运会上都夺取金牌的赛艇运动员，从1984年的美国洛杉矶奥运会到2000年的悉尼奥运会，雷德格雷夫连续五次参加奥运会的双人和四人赛艇比赛，并连续五次夺得冠军。此外，从1996年到1999年间，雷德格雷夫在他参加的每一届世界锦标赛中也都能夺取奖牌，在他的赛艇生涯中总共曾九次加冕世界冠军。2001年被授予爵士爵位，被认为是体育史上最著名的英国运动员之一。

史蒂芬·雷德格雷夫

主要战绩：

1984年 美国洛杉矶奥运会，四人有舵赛艇冠军。

1988年 韩国汉城奥运会，双人单桨无舵赛艇冠军。

1992年 西班牙巴塞罗纳奥运会，双人单桨无舵赛艇冠军。

1996年 美国亚特兰大奥运会，双人单桨无舵赛艇冠军。

2000年 澳大利亚悉尼奥运会，四人无舵赛艇金牌。

维亚切斯拉夫·伊万诺夫

中文名：维亚切斯拉夫·伊万诺夫

英文名：Vyacheslav Ivanov

出生地：莫斯科

国籍：俄罗斯

性别：男

出生日期：1938. 7. 30

维亚切斯拉夫·伊万诺夫

项目：赛艇

维亚切斯拉夫·伊万诺夫在 1956 年的澳大利亚墨尔本夏季奥运会上就夺取了个人的第一枚奥运单人双桨比赛金牌。1960 年，伊万诺夫再一次夺取了个人双桨的奥运金牌，1964 年日本东京夏季奥运会上，他在比赛中过于投入，在离终点还有 50 米的时候，短时失去知觉，等他恢复意识的时候，发现他还在领先位置，他最终还以 3.73 秒的优势在东京完成了自己的奥运单人双桨金牌三连冠。此外还获得了一枚世界锦标赛的金牌。

主要战绩：

1956 年 墨尔本奥运会单人双桨冠军。

1960 年 罗马奥运会单人双桨冠军。

1962 年 世界锦标赛单人双桨冠军。

1964 年 东京奥运会单人双桨冠军。

杰克·贝雷斯福德

中文名：杰克·贝雷斯福德

外文名：Jack Beresford

出生地：伦敦

国籍：英国

性别：男

出生日期：1899 年 1 月 1 日

逝世日期：1977 年 12 月 3 日

项目：赛艇

5 届奥运会，5 枚运动奖牌，3 金 2 银。杰克·贝雷斯福德的五枚运动奖牌曾创下了英国运动员的奥

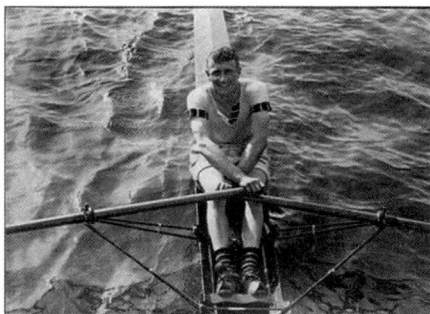

杰克·贝雷斯福德

运会得奖纪录，后才有著名运动员史蒂芬·雷德格雷夫平了他在这个项目上的奥运记录。在他的运动生涯中，他创纪录地参加了五届奥运会的比赛，由于1940年世界第二次大战的影响奥运会被迫停办，终止了他的奥运征战之路。1949年，获得奥林匹克杰出证书。1977年逝于泰晤士河畔的家中。

主要战绩：

1920年 安特卫普奥运会，单人双桨亚军

1924年 巴黎奥运会，单人双桨冠军

1928年 阿姆斯特丹奥运会，男子八人有舵亚军

1932年 洛杉矶奥运会，男子四人无舵手冠军

1936年 柏林奥运会，双人双桨冠军

我国赛艇运动明星

张秀云

出生地：湖北武汉

国籍：中国

性别：女

出生日期：1976年2月25日

身高：1.76米

项目：赛艇

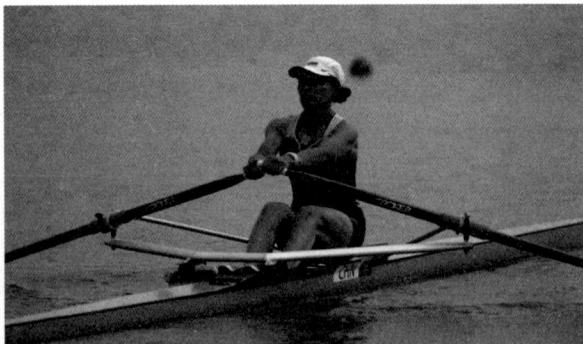

张秀云

张秀云，1990年5月选入武汉市水上运动站，1993年入选国家队。2002年釜山亚运会上，张秀云以9分15秒28的成绩夺取女子单人双桨金牌，比亚军足足领先30米。这一优势再一次向世人证明了自己在世界赛艇项目上的实力。1996年亚特兰大奥运会，仅以1秒之差屈居银牌，17岁的张秀云被国际赛艇协会技术部主任道尔·米尔森称为"未来的赛艇天才"。

在随后的几年里，张秀云的职业生涯陷入了坎坷，2000年悉尼奥运会，因为血检未能达标没能参加，2004雅典奥运会由于伤病缠身也未能参加，2008年奥运会，年过而立的张秀云又与奖牌擦肩而过。2009年全运会之后，张秀云宣布退役，并任教于北京体育大学。但是她却一直没有放弃自己的奥运梦，2012年，她以坚强的毅力走进了伦敦奥运会的赛场，虽然没能拿到金牌，甚至没能拿到奖牌，但是她的精神，已经无需再用金牌来证明。

运动经历：

1990年 选入武汉市水上运动站

1993年 入选国家队

主要战绩：

1993年 全国运动会单人双桨冠军；世界锦标赛四人双桨冠军；亚洲锦标赛单人双桨冠军。

1994年 全国冠军赛，女子获女子公开级两项全能；女子公开级1000米单人双桨；女子公开级10000米单人双桨三项冠军；世界锦标赛四人双桨2000米亚军。

1995年 全国冠军赛单人双桨10000米冠军；丹麦国际赛艇比赛女子四人双桨冠军。

1996年 亚特兰大奥运会双人双桨亚军。

1998年 亚运会获女子公开级单人双桨冠军。

1999年 世界赛艇锦标赛女子双人双桨亚军。

2000年 全国锦标赛单人双桨冠军；世界杯系列赛女子单人赛艇第一名，并成为中国在世界杯赛艇项目上第一位获金牌的选手。

2002 年 釜山亚运会女子单人双桨冠军。

2003 年 世界锦标赛单人双桨第五名

2009 年 全运会女子单人赛艇冠军。

2012 年 伦敦奥运会女子单人双桨第 6 名。

唐宾

唐宾

出生地：辽宁丹东

国籍：中国

性别：女

出生日期：1986. 4. 25

身高：1. 82 米

运动项目：赛艇

唐宾、金紫薇、奚爱华、张杨杨组成的中国赛艇队，在 2008 年奥运会，赛艇比赛四人双桨比赛中获得金牌。这是中国参加奥运会以来在赛艇项目上获得的第一枚金牌。

这枚金牌不但是中国体育在赛艇项目上获得的第一枚奥运会金牌，也是继 2004 年雅典奥运会孟关良、杨文军之后再次在水上项目上为中国赢得历史性的突破。她们站在了北京奥运会上登上了最高的领奖台，打破欧美选手在这个项目上的垄断。

运动经历：

2000 年 进入丹东市航海运动学校

2004 年 入选辽宁省队

2006 年 入选国家赛艇队

主要战绩：

2005 年 第十届全国运动会，女子四人单桨冠军。

2007 年 世界赛艇锦标赛，女子四人双桨季军。

2007 年 阿姆斯特丹赛艇世界杯赛，女子四人双桨 冠军。

2008 年 北京奥运会，赛艇女子四人双桨冠军。

2010 年 广州亚运会，赛艇女子单人双桨冠军。

2012 年 伦敦奥运会，女子四人双桨第五名。

金紫薇

金紫薇

出生地：辽宁沈阳

国籍：中国

性别：女

出生日期：1985. 10. 17

身高：1. 84 米

运动项目：赛艇

中国优秀的赛艇运动员，在 2008 年北京奥运会上与队友获得女子四人双桨冠军，为中国夺得了参加奥运会以来，赛艇项目上的首枚金牌。实现了中国体育运动水上项目上的第二次历史突破。

2010 年 11 月 12 日在广州举行的亚运会开幕式上，她担任引领中国军团的旗手，成为中国参加亚运会以来第一位女旗手。

运动经历：

1999 年 进入沈阳水上运动学校

2001 年 进入江西水上运动学校

2003 年 入选国家队

主要战绩：

2003 年 全国城市运动会，女子单人双桨冠军。

2004 年 世界杯女子八人单桨亚军；雅典奥运会女子八人艇第四名。

2005 年 第十届全国运动会，女子双人双桨冠军。

2006 年 世界杯女子四人艇亚军；世界杯波兰站女子四人双桨冠军；世界锦标赛女子八人单桨第四名。

2007 年 世界赛艇锦标赛，女子四人双桨季军。

2008 年 北京奥运会，女子四人双桨冠军。

2010 年 广州亚运会，女子双人双桨冠军。

2012 年 伦敦奥运会，女子四人双桨第五名。

奚爱华

出生地：山东潍坊

奚爱华

国籍：中国

性别：女

出生日期：1982.1.27

身高：1.82 米

运动项目：赛艇

奚爱华 15 岁的时候被体校选中开始练铅球，一个学期之后，因个头高、双臂长转行赛艇。1997 年底，入选山东省女子赛艇队，从此开始了她的赛艇运动生涯。2005 年凭借自己不懈努力，终于得到了认可被征调进入国家队。后来便开始主攻女子四人双桨比赛，在教练姜海洋、周琦年的指导下，她和队友很快在成绩上取得了突破。

在 2008 年年初的卢塞恩世界杯上获得了金牌。在北京奥运会上与队友唐宾、金紫薇、张杨杨合作夺得赛艇四人双桨金牌，赢得了中国赛艇在奥运历史上的首枚金牌，实现了中国赛艇运动的历史突破。2008 年退役之后，结束了自己的运动生涯，任山东水校副校长。

运动经历：

1996 年 进入山东省寿光市体校

1998 年 入选山东队

1999 年 入选国家赛艇队

主要战绩：

2001 年 第九届全国运动会，女子八人单桨有舵手亚军。

2002 年 全国赛艇锦标赛，女子双人双桨冠军；女子四人双桨冠军。

2005 年 第十届全国运动会，女子单人双桨亚军。

2006 年 波兹南赛艇世界杯，女子四人双桨亚军；世界赛艇锦标赛，女子四人双桨第四名。

2007 年 阿姆斯特丹赛艇世界杯，女子四人双桨冠军；世界赛艇锦标赛，女子四人双桨第三名。

2008 年 北京奥运会，女子四人双桨冠军。

张杨杨

出生地：吉林双辽

国籍：中国

性别：女

出生日期：1989. 2. 20

身高：1.85 米

运动项目：赛艇

张杨杨中国赛艇运动员，在小学期间被马文平教练发现天赋，并带领其锻炼篮球。篮球技术有了突飞猛进的张杨杨被要到了四平体校。2004年，赶上辽宁省航海运动学校到四平选才，挑中了张杨杨，就这样她再次改项，从此便开始了自己的赛艇运动生涯。2008 北京奥运会与队友唐宾、金紫薇、奚爱华合作，获得北京奥运会赛艇女子四人双桨冠军。

张杨杨

运动经历：

2004 年 进入辽宁省航海运动学校

2006 年 入选赛艇国家队

主要战绩：

2006 年 赛艇全国锦标赛女子单人单桨季军。

2007 年 世界赛艇青年锦标赛，女子双人双桨冠军。

2008 年 慕尼黑赛艇世界杯女子四人双桨第四；北京奥运会，女子四人双桨冠军。

2012 年 伦敦奥运会，女子四人双桨第五名。

皮划艇明星花絮

国际皮划艇运动明星

比尔吉特·菲舍尔

中文名：比尔吉特·菲舍尔

英文名：Birgit Fischer

出生地：德国勃兰登堡

国籍：德国

性别：女

出生日期：1962. 2. 25

身高：1. 72 米

项目：皮划艇

比尔吉特·菲舍尔

比尔吉特·菲舍尔是奥运历史上唯一一个有 20 年参赛经历的运动员，也是唯一一个夺得过 12 枚奥运会奖牌的划艇运动员。更是奥运历史上夺取皮划艇金牌最年轻的运动员（18 岁）。在她的运动生涯中获得 8 金 4 银共 12 枚奥运奖牌，成为奥运赛艇项目上获得奖牌数最多的运动员，同时也是继游泳运动员菲尔普斯、体育运动员拉蒂尼娜后，获得奥运金牌第三多的运动员。2004 年雅典奥运会之后，宣布退役，结束了自己 24 年的皮划艇运动生涯。

主要战绩：

1979 年 世界锦标赛获得女子四人皮艇 500 米冠军，双人皮艇 1000 米冠军，双人皮艇 200 米冠军，四人皮艇 200 米冠军。

1980 年 莫斯科奥运会女子单人皮艇 500 米冠军。

1981 年 世界锦标赛获得女子单人皮艇 500 米冠军，女子双人皮艇 500 米冠军，女子四人皮艇 500 米冠军。

1982 年 世界锦标赛获得女子单人皮艇 500 米冠军，女子双人皮艇 500 米冠军，女子四人皮艇 500 米冠军。

1983 年 世界锦标赛获得女子单人皮艇 500 米冠军，女子双人皮艇 500 米冠军，女子四人皮艇 500 米冠军。

1985 年 世界锦标赛获得女子单人皮艇 500 米冠军，女子双人皮艇 500 米冠军，女子四人皮艇 500 米冠军。

1987 年 世界锦标赛获得女子单人皮艇 500 米冠军，女子双人皮艇 500 米冠军，女子四人皮艇 500 米冠军。

1988 年 汉城奥运会双人皮艇 500 米冠军，四人皮艇 500 米冠军。

1992 年 巴塞罗那奥运会单人皮艇 500 米冠军

1993 年 世界锦标赛获得女子单人皮艇 500 米冠军，女子四人皮艇 500 米冠军。

1994 年 世界锦标赛获得女子单人皮艇 500 米冠军，女子四人皮艇 500 米冠军。

1995 年 世界锦标赛获得女子四人皮艇 500 米冠军。

1996 年 亚特兰大奥运会四人皮艇 500 米冠军。

1997 年 女子双人皮艇 500 米冠军，女子四人皮艇 500 米冠军。

1998 年 世界锦标赛获得女子四人皮艇 500 米冠军。

2000 年 悉尼奥运会双人皮艇 500 米冠军，四人皮艇 500 米冠军。

2004 年 雅典奥运会四人皮艇 500 米冠军。

盖德·费雷德里克松

中文名：盖德·费雷德里克松

英文名：Gert Fredriksson

出生地：瑞典尼雪平

国籍：瑞典

性别：男

出生日期：1919.11.21

项目：皮划艇

盖德·弗雷德里克松是奥运会历史上最成功的皮划艇运动员，1948 年伦敦奥运会的10000 米金牌是他的第一枚奥运会奖牌，

盖德·费雷德里克松

在比赛中，他以领先第二名 30.5 秒的成绩夺冠。第二天，他又以较大优势赢得了 1000 米金牌，比赛中，他直到距离终点 50 米的时候还在第四的位置，但仅仅 50 米距离，就让他超越了所有其他对手。1952 年赫尔辛基奥运会上，他在 10000 米项目上夺取银牌，并成功卫冕 1000 米金牌。1956 年澳大利亚墨尔本奥运会，弗雷德里克松仍然夺取了最后一块 10000 米金牌，此后 10000 米皮划艇项目从奥运比赛项目中去除。1960 罗马奥运会，四十岁的弗雷德里克松作为运动员参加的最后一次奥运会，在意大利，他夺取 K-1 级 1000 米比赛的铜牌，并和队友合作赢得 1000 米双人划艇的金牌，成为奥运会历史上，夺取金牌年龄最大的皮划艇运动员。此外，他还参加了 4 届世锦赛，获得了 4 金一银一铜的好成绩。四年后，弗雷德里克松以瑞典教练的身份重返奥运会赛场。1982 年，他被国际奥委会授予铜质奥林匹克勋章。2006 年最伟大的皮划艇运动员盖德·弗雷德里克松去世，享年87 岁。

主要战绩：

1948 年伦敦奥运会获得男子 1000 米单人皮艇冠军，男子 10000 米单人皮艇冠军。

1952 年 赫尔辛基奥运会获得男子 1000 米单人皮艇冠军，男子 10000 米单人皮艇亚军。

1956 年 墨尔本奥运会获得男子 1000 米单人皮艇冠军，男子 10000 米单人皮艇冠军。

1960 年 罗马奥运会获得男子 1000 米单人皮艇季军，男子 10000 你单人皮艇冠军。

纳塔萨·多切夫·扬尼奇

中文名：纳塔萨·多切夫·扬尼奇

英文名：Natasa Dusev-Janics

出生地：匈牙利

国籍：匈牙利

性别：女

出生日期：1982.6.24

身高：1.74 米

项目：皮划艇

扬尼奇是匈牙利皮划艇名将，她在雅典奥运会就独得两枚金牌，此后她在国际赛场战绩辉煌，尤其是在近三年世锦赛中几乎收获了所参赛项目的所有金牌。北京奥运会上，她

扬尼奇（左）

与老将科瓦茨合作，成功卫冕了女子双人皮艇 500 米项目冠军。

主要战绩：

2000 年 悉尼奥运会女子单人皮艇 500 米第四名。

2004 年 雅典奥运会女子单人皮艇 500 米冠军，双人皮艇 500 米冠军。

2005 年 皮划艇世锦赛双人皮艇 500 米冠军，双人皮艇 200 米冠军，双人皮艇 1000 米冠军。

2006 年 皮划艇世锦赛女子双人皮艇 500 米冠军，四人皮艇 500 米

冠军，双人皮艇 200 米冠军，四人皮艇 200 米冠军，双人皮艇 1000 米冠军，四人皮艇 1000 米冠军。

2007 年 皮划艇世锦赛女子单人皮艇 200 米冠军。

2008 年 北京奥运会女子双人皮艇 500 米冠军，四人皮艇 500 米亚军。

2012 年 伦敦奥运会女子双人皮艇 500 米亚军，四人皮划艇 500 米冠军。

我国皮划艇运动明星

杨文军

出生地：江西丰城

国籍：中国

性别：男

出生日期：1983. 12. 25

身高：1. 77

项目：皮划艇静水

杨文军

杨文军是我国皮划艇项目上的后起之秀，曾经夺得釜山亚运会男子双人划艇 500 米、1000 米冠军。与名将孟关良合作后，成绩更是突飞猛进，在 2004 年雅典奥运会上夺得男子双人划艇 500 米金牌，这是中国选手在皮划艇项目上夺得的首枚奥运金牌。2008 年再次与孟关良合作成功卫冕这个项目的冠军，成为了奥运历史上首对卫冕该项目的运动员。

2009 年全运会之后，淡出体育界。退役后，任江西省水上运动管理中心副主任。2012 年伦敦奥运会之后复出，开始接受系统性的训练。

运动经历：

1997 年 进入宜春少年体校

1998 年 进入省队

2001 年 入选国家队

主要战绩：

2002 年 釜山亚运会男子 C2 – 500 米冠军，男子 C2 – 1000 米冠军。

2003 年 世界锦标赛男子 C1 – 1000 米第七。

2004 年 雅典奥运会男子双人划艇冠军（与孟关良）。

2005 年 十运会男子 C1 – 100 米以及 C1 – 500 项目冠军。

2006 年 多哈亚运会男子单人划艇 500 米冠军。

2008 年 北京奥运会男子 500 米双人划艇冠军（与孟关良）。

2009 年 第十一届全国运动会男子 500 米单人划艇冠军。

孟关良

出生地：浙江绍兴

国籍：中国

性别：男

出生日期：1977. 1. 24

身高：1. 82

项目：皮划艇静水

孟关良在亚洲多次包揽过男子 1000 米和 500 米单人划艇这两个项目的金牌，2004 年雅典奥运和杨文军合作赢得男子 C2 – 500 米项目金牌，实现了中国这个项目在奥运史上零的突破，2006 年后选择退役与妻子结婚，为在北京奥运蝉联金牌，再次复出。

孟关良

复出之后，在北京奥运会上与队友杨文军再次夺冠军卫冕，成为奥运历

史上首队卫冕该项目的运动员。

获得北京奥运冠军后孟关良退役，现任浙江水上中心副主任。

运动经历：

1994 年 进入绍兴市业余体校改练划艇

1994 年 进入专业队

1995 年 入选国家队

主要战绩：

1997 年 八运会男子 C1 – 1000 米冠军，男子 C1 – 500 米冠军。

1998 年 全国冠军赛男子 C1 – 200 米冠军，男子 C1 – 500 米冠军，男子 C1 – 1000 米冠军，男子 C1 – 5000 米冠军，男子全能冠军；同年获得曼谷亚运会男子 C1 – 1000 米冠军，男子 C2 – 500 米季军。

1999 年 全国冠军赛男子 C1 – 5000 米冠军；男子全能冠军。

2000 年 全国锦标赛男子 C1 – 500 米冠军。

2001 年 九运会男子 C1 – 500 米冠军。

2002 年 釜山亚运会男子 C1 – 500 米冠军，男子 C1 – 1000 米冠军。

2003 年 全国春季冠军赛男子 C1 – 2000 米冠军；全国锦标赛男子 C1 – 500 米冠军；全国锦标赛男子 C1 – 2000 米冠军。

2004 年雅典奥运会男子双人划艇冠军（与杨文军）。

2008 年 世界杯男子 C2 – 200 匈牙利站冠军；2008 年 世界杯男子 C2 – 500 杜伊斯堡站冠军；北京奥运会男子双人划艇 500 米冠军。

钟红燕

出生地：浙江桐乡

国籍：中国

性别：女

出生日期：1978. 11. 29

身高：1. 75 米

项目：皮划艇静水

作为我国前国家队皮划艇运动员，钟红燕拥有其独特和良好的技术特点。主要表现为起动快，加速好，途中能力强，冲刺有力；她卧推力量达 110kg，引体向上 62 次，比一般运动员高 30%，属于力量型的运动员，在国内女子皮艇运动员中处于领先水平。

2002 年获得世界锦标赛女子四人皮艇 1000 米亚军，2004 年获得世界杯德国站女子四人皮艇 500 米第三名，双人皮艇 500 米冠军和雅典奥运会双人皮艇 500 米第四名等成绩。

2009 年十一全运会后退役，以两银一铜的战绩结束了自己 20 年的运动生涯，之后进入北京体育大学学习，2011 年进入美国芝加哥维斯康辛大学继续深造。

钟红燕

运动经历：

1990 年 被招收进桐乡市少体校皮划艇队

1993 年 被输送到省体校学习

1994 年 转入省体工队

1997 年 进入国家集训队

主要战绩：

1999 至 2007 年 全国皮划艇锦标赛单人皮艇 500 米冠军。

1998 年 曼谷亚运会女子双人皮艇 500 米冠军。

2002 年 世界锦标赛女子四人皮艇 1000 米亚军；世界杯世界杯比利时站女子双人皮艇 500 米冠军；釜山亚运会女子单人皮艇 500 米冠军，双人皮艇 500 米冠军，四人皮艇 500 米亚军。

2003 年 世界锦标赛女子四人皮艇 500 米第四。

2004 年 世界杯德国站女子四人皮艇 500 米第三，双人皮艇 500 米冠军；雅典奥运会双人皮艇 500 米第四。

2005 年 十运会单人皮艇、四人皮艇 500 米冠军。

2006 年 广州世界杯单人皮艇 500 米、200 米冠军，四人皮艇 500 米、200 米冠军；世界锦标赛女子单人皮艇 500 米季军。

2007 年 世界杯匈牙利站女子单人皮艇 500 米亚军。

2008 年 北京奥运会女子单人皮艇 500 米第五名。

2009 年 全运会女子四人皮艇 500 米亚军，女子单人皮艇 500 米亚军，女子双人皮艇 500 米季军。

PART 11 历史档案

赛艇运动历史成绩记录

历届奥运会赛艇比赛成绩历史记录

1904 年第三届美国路易斯奥运会

男子单人双桨：美国的格里尔（Frank Greer）获得冠军

男子双人双桨：美国的马尔卡希（John Mulcahy）、瓦利（William Valey）获得冠军

男子双人单桨无舵手：美国的法纳姆（Robert Farnam）、里安（Joseph Ryan）获得冠军

男子四人单桨无舵手：美国的"Century B. C."队获得冠军

男子八人单桨有舵手：美国队获得冠军

1908 年第四届英国伦敦奥运会

男子单人双桨：英国的布莱克斯塔夫（Harry Blackstaffe）获得冠军

男子双人单桨无舵手：英国芬宁（John Fenning）、汤姆森（Gordon Thomson）获得冠军

男子四人单桨无舵手：英国马格达伦学院队获得冠军

男子八人单桨有舵手：英国林德俱乐部队获得冠军

1912 年第五届瑞典斯德哥尔摩奥运会

男子单人双桨：英国的金尼尔（William Kinnear）获得冠军

男子四人单桨有舵手：德国队获得冠军

男子四人单桨有舵手（内桨架）：丹麦队获得冠军

男子八人单桨有舵手：英国林德俱乐部队获得冠军

1920 年第七届比利时安特卫普奥运会

男子单人双桨：美国的凯利（John Kelly）获得冠军

男子双人双桨：美国的凯利（John Kelly）、科斯特洛（Paul Costel-lo）获得冠军

男子双人单桨有舵手：意大利队获得冠军

男子四人单桨有舵手：瑞士队获得冠军

男子八人单桨有舵手：美国队获得冠军

1924 年第八届法国巴黎奥运会

男子单人双桨：英国的贝雷斯福德（Jack Beresford）获得冠军

男子双人双桨：美国的凯利（John Kelly）、科斯特洛（Paul Costel-lo）获得冠军

男子双人单桨无舵手：荷兰的罗辛（Wilhelm Rosingh）、白吉宁（Antonie Beijnen）获得冠军

男子四人单桨无舵手：英国队获得冠军

男子双人单桨有舵手：瑞士队获得冠军

男子四人单桨有舵手：瑞士队获得冠军

男子八人单桨有舵手：美国队获得冠军

1928 年第九届荷兰阿姆斯特朗丹奥运会

男子单人双桨：澳大利亚的皮尔斯（Henry Pearce）获得冠军

男子双人双桨：美国的麦基尔文（Charles Mcllvaine）、科斯特洛（Paul Costello）获得冠军

男子双人单桨无舵手：德国的米勒（Bruno Müller）、莫希特（Kurt Moschter）获得冠军

男子四人单桨无舵手：英国队获得冠军

男子双人单桨有舵手：瑞士队获得冠军

男子四人单桨有舵手：意大利队获得冠军

男子八人单桨有舵手：美国队获得冠军

1932年第十届美国洛杉矶奥运会

男子单人双桨：澳大利亚的皮尔斯（Henry Pearce）获得冠军

男子双人双桨：美国的吉尔摩（William Gilmore）、迈尔斯（Kenneth Myers）获得冠军

男子双人单桨无舵手：英国的爱德华兹（Arthur Edwards）、克莱夫（Lewis Clive）获得冠军

男子四人单桨无舵手：英国队获得冠军

男子双人单桨有舵手：美国队获得冠军

男子四人单桨有舵手：德国队获得冠军

男子八人单桨有舵手：美国队获得冠军

1936年第十一届德国柏林奥运会

男子单人双桨：德国的舍费尔（Gustav Schafer）获得冠军

男子双人双桨：英国的索思伍德（Leslie Southwood）、贝雷斯福德（Jack Beresford）获得冠军

男子双人单桨无舵手：德国的施特劳斯（Hugo Strauss）、艾希霍恩（Willi Eichhorn）获得冠军

男子四人单桨无舵手：德国队获得冠军

男子双人单桨有舵手：德国队获得冠军

男子四人单桨有舵手：德国队获得冠军

男子八人单桨有舵手：美国队获得冠军

1948 年第十四届英国伦敦奥运会

男子单人双桨冠军：澳大利亚的伍德（Mervyn Wood）获得冠军

男子双人双桨冠军：英国的布什内尔（Bertram Bushnell）、伯内尔（Richard Burnell）获得冠军

男子双人单桨无舵手：英国的威尔逊（John Wilson）、劳里（William Laurie）获得冠军

男子四人单桨无舵手：意大利队获得冠军

男子双人单桨有舵手：丹麦队获得冠军

男子四人单桨有舵手：美国队获得冠军

男子八人单桨有舵手：美国队获得冠军

1952 年第十五届芬兰赫尔辛基奥运会

男子单人双桨：苏联的秋卡洛夫（Yuri Tyukalov）获得冠军

男子双人双桨：阿根廷的卡波佐（Tranquilo Cappozzo）、格雷罗（Eduardo Guerrero）获得冠军

男子双人单桨无舵手：美国的洛格（Charles Logg）、普赖斯（Thomas Price）获得冠军

男子四人单桨无舵手：南斯拉夫队获得冠军

男子双人单桨有舵手：法国队获得冠军

男子四人单桨有舵手：捷克斯洛伐克队获得冠军

男子八人单桨有舵手：美国队获得冠军

1956 年第十六届澳大利亚墨尔本奥运会

男子单人双桨：苏联的伊万诺夫（Vyacheslav Ivanov）获得冠军

男子双人双桨：苏联的别尔库托夫（Aleksandr Berkutov）、秋卡洛夫（Yuri Tyukalov）获得冠军

男子双人单桨无舵手：美国的菲弗（James Fifer）、赫克特（Duvall Hecht）获得冠军

男子四人单桨无舵手：加拿大队获得冠军

男子双人单桨有舵手：美国队获得冠军

男子四人单桨有舵手：意大利队获得冠军

男子八人单桨有舵手：美国队获得冠军

1960 年第十七届奥意大利罗马运会

男子单人双桨：苏联的伊万诺夫（Vyacheslav Ivanov）获得冠军

男子双人双桨：捷克斯洛伐克的科扎克（Václav Kozák）、施密特（Pavel Schmidt）获得冠军

男子双人单桨无舵手：苏联的博列伊科（Valentin Boreyko）、戈洛瓦诺夫（Oleg Golovanov）获得冠军

男子四人单桨无舵手：美国队获得冠军

男子双人单桨有舵手：德国队获得冠军

男子四人单桨有舵手：德国队获得冠军

男子八人单桨有舵手：德国队获得冠军

1964 年第十八届日本东京奥运会

男子单人双桨：苏联的伊万诺夫（Vyacheslav Ivanov）获得冠军

男子双人双桨：苏联的图林（Oleg Tyurin）、杜布罗夫斯基（Boris Dubrovsky）获得冠军

男子双人单桨无舵手：加拿大的亨格福德（George Hungerford）、杰克逊（Roger Jackson）获得冠军

男子四人单桨无舵手：丹麦队获得冠军

男子双人单桨有舵手：美国队获得冠军

男子四人单桨有舵手：德国队获得冠军

男子八人单桨有舵手：美国队获得冠军

1968 年第十九届墨西哥墨西哥城奥运会

男子单人双桨：荷兰的威内塞（Henri Jan Wienese）获得冠军

男子双人双桨：苏联的萨斯（Anatoly Sass）、季莫申宁（Aleksandr Timoshinin）获得冠军

男子双人单桨无舵手：民主德国的吕克（Jörg Lucke）、博特（Hans-Jürgen Bothe）获得冠军

男子双人单桨有舵手：意大利队获得冠军

男子四人单桨无舵手：民主德国队获得冠军

男子四人单桨有舵手：新西兰队获得冠军

男子八人单桨有舵手：联邦德国队获得冠军

1972 年第二十届西德慕尼黑奥运会

男子单人双桨：苏联的马利舍夫（Yuriy Malishev）获得冠军

男子双人双桨：苏联的季莫申宁（Aleksandr Timoshinin）、科尔希科夫（Gennadiy Korshikov）获得冠军

男子双人单桨无舵手：民主德国的布里茨克（Siegfried Brietzke）、马格尔（Wolfgang Mager）获得冠军

男子四人单桨无舵手：民主德国队获得冠军

男子双人单桨有舵手：民主德国队获得冠军

男子四人单桨有舵手：联邦德国队获得冠军

男子八人单桨有舵手：新西兰队获得冠军

1976 年第二十一届加拿大蒙特利尔奥运会

男子单人双桨：芬兰的卡皮宁（Pertti Karppinen）获得冠军

男子双人双桨：挪威的弗·汉森（Frank Hansene）、阿·汉森（Alf Hansen）获得冠军

男子四人双桨：民主德国队获得冠军

男子双人单桨无舵手：民主德国的约·兰德福格特（Jörg Land-voigt）、贝·兰德福格特（Bernd Landvoigt）获得冠军

男子四人单桨无舵手：民主德国队获得冠军

男子双人单桨有舵手：民主德国队获得冠军

男子四人单桨有舵手：苏联队获得冠军

男子八人单桨有舵手：民主德国队获得冠军

女子单人双桨：民主德国的沙伊布利希（Christine Scheiblich）获得冠军

女子双人双桨：保加利亚的奥泽托娃（Svetla Otsetova）、约尔丹诺娃（Zdravka Yordanova）获得冠军

女子双人单桨无舵手：保加利亚的克尔贝切娃（Siika Kelbecheva）、格罗伊切娃（Stoyanka Gruicheva）获得冠军

女子四人双桨有舵手：民主德国队获得冠军

女子四人单桨有舵手：民主德国队获得冠军

女子八人单桨有舵手冠：民主德国队获得冠军

1980 年第二十二届苏联莫斯科奥运

男子单人双桨：芬兰的卡皮宁（Pertti Karppinen）获得冠军

男子双人双桨：民主德国的德赖弗克（Joachim Dreifke）、克罗佩利恩（Klaus Krōppelien）获得冠军

男子四人双桨：民主德国队获得冠军

男子双人单桨无舵手：民主德国的约·兰德福格特（Jōrg Land-voigt）、贝·兰德福格特（Bernd Landvoigt）获得冠军

男子四人单桨无舵手：民主德国队获得冠军

男子双人单桨有舵手：民主德国队获得冠军

男子四人单桨有舵手：民主德国队获得冠军

男子八人单桨有舵手：民主德国队获得冠军

女子单人双桨：罗马尼亚的托马（Sanda Toma）获得冠军

女子双人双桨：苏联的赫洛普采娃（Yelena Khloptseva）、波波娃（Larissa Popova）获得冠军

女子四人双桨有舵手：民主德国队获得冠军

女子双人单桨无舵手：民主德国的施泰因多夫（Ute Steindorf）、克

利尔（Cornelia Klier）获得冠军

女子四人单桨有舵手：民主德国队获得冠军

女子八人单桨有舵手：民主德国队获得冠军

1984 年第二十三届美国洛杉矶奥运会

男子单人双桨：芬兰的卡皮宁（Pertti Karppinen）获得冠军

男子双人双桨：美国的刘易斯（Bradley Lewis）、恩奎斯特（Paul Enquist）获得冠军

男子四人双桨：联邦德国队获得冠军

男子双人单桨无舵手：罗马尼亚的约苏比（Petru Iosub）、托玛（Valer Toma）获得冠军

男子四人单桨无舵手：新西兰队获得冠军

男子双人单桨有舵手：意大利队获得冠军

男子四人单桨有舵手：英国队获得冠军

男子八人单桨有舵手：加拿大队获得冠军

女子单人双桨：罗马尼亚的拉奇勒（Valeria Racila）获得冠军

女子双人双桨：罗马尼亚的波佩斯库（Marioara Popescu）、奥莱纽克（Elisabeta Oleniuc）获得冠军

女子双人单桨无舵手：罗马尼亚的阿尔巴（Rodica Arba）、霍瓦特（Elena Horvat）获得冠军

女子四人双桨有舵手：罗马尼亚队获得冠军

女子四人单桨有舵手：罗马尼亚队获得冠军

女子八人单桨有舵手：美国队获得冠军

1988 年第二十四届韩国汉城奥运会

男子单人双桨：民主德国的朗格（Thomas Lange）获得冠军

男子双人双桨：荷兰的弗洛雷恩（Ronald Florijn）、林克斯（Nicolaas Rienks）获得冠军

男子四人双桨：意大利队获得冠军

男子双人单桨无舵手：英国的霍尔姆斯（Andy Holmes）、雷德格雷夫（Steve Redgrave）获得冠军

男子四人单桨无舵手：民主德国队获得冠军

男子双人单桨有舵手：意大利队获得冠军

男子四人单桨有舵手：民主德国队获得冠军

男子八人单桨有舵手：联邦德国队获得冠军

女子单人双桨：民主德国的贝伦特（Jutta Behrendt）获得冠军

女子双人双桨：民主德国的施勒特尔（Martina Schröter）、彼得（Birgit Peter）获得冠军

女子四人双桨：民主德国队获得冠军

女子双人单桨无舵手：罗马尼亚的阿尔巴（Rodica Arba）、霍梅吉（Olga Homeghi）获得冠军

女子四人单桨有舵手：民主德国队获得冠军

女子八人单桨有舵手：民主德国队获得冠军

1992 年第二十五届西班牙巴塞罗那奥运会

男子单人双桨：德国的朗格（Thomas Lange）获得冠军

男子双人双桨：澳大利亚的霍金斯（Stephen Hawkins）、安托尼（Peter Antonie）获得冠军

男子四人双桨：德国队获得冠军

男子双人单桨无舵手：英国的雷德格雷夫（Steve Redgrave）、平森特（Matthew Pinsent）获得冠军

男子四人单桨无舵手：澳大利亚队获得冠军

男子双人单桨有舵手：英国队获得冠军

男子四人单桨有舵手：罗马尼亚队获得冠军

男子八人单桨有舵手：加拿大队获得冠军

女子单人双桨：罗马尼亚的利帕（Elisabeta Lipa）获得冠军

女子双人双桨：德国的克彭（Kerstin Köppen）、博龙（Kathrin Boron）获得冠军

女子四人双桨：德国队获得冠军

女子双人单桨无舵手：加拿大的麦克贝恩（Marnie McBean）、赫德莱（Kathleen Heddle）获得冠军

女子四人单桨无舵手：加拿大队获得冠军

女子八人单桨有舵手：加拿大队获得冠军

1996 年第二十六届美国亚特兰大奥运会

男子单人双桨：瑞士的米勒（Xeno Müller）获得冠军

男子双人双桨：意大利的阿巴尼亚莱（Agostino Abbagnale）、蒂扎诺（Davide Tizzano）获得冠军

男子四人双桨：德国队获得冠军

男子双人单桨无舵手：英国的平森特（Matthew Pinsent）、雷德格雷夫（Steve Redgrave）获得冠军

男子四人单桨无舵手：澳大利亚队获得冠军

男子八人单桨有舵手：荷兰队获得冠军

男子轻量级双人双桨：瑞士的马·吉尔（Markus Gier）、米·吉尔（Michael Gier）获得冠军

男子轻量级四人单桨无舵手：丹麦队获得冠军

女子单人双桨：白俄罗斯的霍多托维奇（Yekaterina Khodotovich）获得冠军

女子双人双桨：加拿大的赫德莱（Kathleen Heddle）、麦克比恩（Marnie McBean）获得冠军

女子四人双桨：德国队获得冠军

女子双人单桨无舵手：澳大利亚的斯蒂尔（Megan Still）、斯拉特（Kate Slatter）获得冠军

女子八人单桨有舵手：罗马尼亚队获得冠军

女子轻量级双人双桨：罗马尼亚的布尔希卡（Constanta Burcica）、

马科维丘克（Camelia Macoviciuc）获得冠军

2000 年第二十七届澳大利亚悉尼奥运会

男子单人双桨：新西兰的罗布·瓦戴尔（Rob Waddell）获得冠军

男子双人双桨：斯洛文尼亚的卢卡·斯皮克（Luka Spik）、伊兹托克·考普（Iztok Cop）获得冠军

男子四人双桨：意大利队获得冠军

男子双人单桨无舵手：法国的米切尔·安德里厄（Michel Andrieux）、让－克里斯托弗·罗朗（Jean－Christophe Rolland）获得冠军

男子四人单桨无舵手：英国队获得冠军

男子八人单桨有舵手：英国队获得冠军

男子轻量级双人双桨：波兰的罗伯特·希茨（Robert Sycz）、托马斯·库哈尔斯基（Tomasz Kucharski）获得冠军

男子轻量级四人单桨无舵手：法国队获得冠军

女子单人双桨：白俄罗斯的叶卡杰琳娜·卡尔斯滕（Yekaterina Karsten）获得冠军

女子双人双桨：德国的雅娜·西埃姆（Jana Thieme）、卡斯琳·鲍罗恩（Kathrin Boron）获得冠军

女子四人双桨：德国队获得冠军

女子双人单桨无舵手：罗马尼亚的乔吉塔·达米安（Georgeta Damian）、多伊娜·伊格纳特（Doina Ignat）获得冠军

女子八人单桨有舵手：罗马尼亚队获得冠军

女子轻量级双人双桨：罗马尼亚的康斯坦塔·布尔希卡（Constanta Burcica）、安吉拉·阿卢佩（Angela Alupei）获得冠军

2004 年第二十八届希腊雅典奥运会

男子单人双桨：挪威的奥拉夫·图弗特（Olaf Tufte）获得冠军

男子双人双桨：法国的塞巴斯蒂安·维耶丹（Sebastien Vielledent）、阿德里安·阿尔迪（Adrien Hardy）获得冠军

男子四人双桨：俄罗斯队获得冠军

男子双人单桨无舵手：澳大利亚的德鲁·金（Drew Ginn）、詹姆斯·托姆肯斯（James Tomkins）获得冠军

男子四人单桨无舵手：英国队获得冠军

男子八人单桨有舵手：美国队获得冠军

男子轻量级双人双桨：波兰的罗伯特·希茨（Robert Sycz）、托马斯·库哈尔斯基（Tomasz Kucharski）获得冠军

男子轻量级四人单桨无舵手：丹麦队获得冠军

女子单人双桨：德国的卡特琳·鲁茨乔－斯托姆波洛夫斯基（Katrin Rutschow－Stomporowski）获得冠军

女子双人双桨：荷兰的乔吉娜·埃弗斯－斯文德尔（Georgina Evers-Swindell）、卡罗琳·埃弗斯－斯文德尔（Caroline Evers－Swindell）获得冠军

女子四人双桨：德国队获得冠军

女子双人单桨无舵手：罗马尼亚的乔吉塔·安德鲁纳切－达米安（Georgeta Damian-Andrunache）、维奥里卡·苏萨努（Viorica Susanu）获得冠军

女子八人单桨有舵手：罗马尼亚队获得冠军

女子轻量级双人双桨：罗马尼亚的康斯坦塔·布尔希卡（Constanta Burcica）、安吉拉·阿卢佩（Angela Alupei）获得冠军

2008年第二十九届中国北京奥运会

男子单人双桨：挪威的奥拉夫·图弗特（Olaf Tufte）获得冠军

男子双人单桨：澳大利亚的德鲁·金（Drew Ginn）、弗里（Duncan Free）获得冠军

男子双人双桨：澳大利亚的克劳谢（David Crawshay）、布伦南（Scott Brennan）获得冠军

男子四人单桨：英国队获得冠军

男子四人双桨：波兰队获得冠军

男子八人单桨有舵手：加拿大队获得冠军

男子轻量级双人双桨：英国的皮查斯（Zac Purchase）、马克·亨特（Mark Hunter）获得冠军

男子轻量级四人单桨：丹麦队获得冠军

女子单人双桨：保加利亚的内科娃（Rumyana Neykova）获得冠军

女子双人单桨：罗马尼亚的安德鲁纳切（Georgeta Damian-Andrunache）、苏萨努（Viorica Susanu）获得冠军

女子双人双桨：新西兰的乔吉娜 – 斯文德尔（Georgina-Swindell）、卡罗琳 – 斯文德尔（Caroline Swindell）获得冠军

女子四人双桨：中国队获得冠军

女子八人单桨有舵手：美国队获得冠军

女子轻量级双人双桨：荷兰的基尔斯滕·范德科尔克科尔卡（Kirsten Van der Kolk）、尤帕恩（Marit van Eupen）获得冠军

2012 年第三十届英国伦敦奥运会

男子单人双桨：新西兰的马希·特拉斯代尔（Mahe Drysdale）获得冠军

男子双人单桨：新西兰的埃里克·穆雷（Eric Murray）、哈密斯·邦德（Hamish Bond）获得冠军

男子双人双桨：新西兰的纳兰·科恩（Nathan Cohen）、约瑟夫·沙利文（Joseph Sullivan）获得冠军

男子四人单桨：英国队获得冠军

男子四人双桨：德国队获得冠军

男子八人单桨有舵手：德国队获得冠军

男子轻量级双人双桨：丹麦的麦德斯·拉斯姆森（Mads Rasmussen）、拉斯姆森·奎斯特（Rasmus Quist）获得冠军

男子轻量级四人单桨：南非队获得冠军

女子单人双桨：捷克的米罗斯拉瓦·克纳普科娃（Miroslava Knapk-ova）获得冠军

女子双人单桨：英国的海伦·格洛弗（Helen Glovery）、希瑟·斯坦宁（Heather Stanning）获得冠军

女子双人双桨：英国的安娜·沃特金斯（Anna Watkins）、凯瑟琳·格雷戈尔（Katherine Grainger）获得冠军

女子四人双桨：乌克兰队获得冠军

女子八人单桨有舵手：美国队获得冠军

女子轻量级双人双桨：英国的凯瑟琳·科普兰（Katherine Copel-and）、苏菲·霍斯金（Sophie Hosking）获得冠军

皮划艇运动历史成绩记录

历届奥运会皮划艇比赛成绩历史记录

1936 年第十一届德国柏林奥运会

男子 1000 米单人皮艇：奥地利的赫拉德茨基（Gregor Hradetzky）获得冠军

男子 10000 米单人皮艇：德国的克雷布斯（Ernst Krebs）获得冠军

男子 10000 米析叠式单人皮艇：奥地利的赫拉德茨基（Gregor Hra-detzky）

男子 1000 米双人皮艇：奥地利的凯因茨（Adolf Kainz）、多夫诺（Alfons Dorfner）获得冠军

男子 10000 米双人皮艇：德国的韦韦尔斯（Paul Wevers）、兰登（Ludwig Landen）获得冠军

男子 10000 米折叠式双人皮艇：瑞典的约翰松（Sven Johansso）、布拉斯特隆（Eric Bladstrom）获得冠军

男子 1000 米单人划艇：加拿大的阿米欧（Francis Amyot）获得冠军

男子 1000 米双人划艇：捷克斯洛伐克的西罗瓦克（Vladimir Syrovátka）、布尔扎克（Jan Brzak – Felix）获得冠军

男子 10000 米双人划艇：捷克斯洛伐克的摩特（Václav Mottl）、斯科尔德兰（Zdenek Skrdlant）获得冠军

1948 年第十四届英国伦敦奥运会

男子 1000 米单人皮艇：瑞典的弗雷德里克松（Gert Fredriksson）获得冠军

男子 10000 米单人皮艇：瑞典的弗雷德里克松（Gert Fredrikson）获得冠军

男子 1000 米双人皮艇：瑞典的伯格伦德（Hans Berglund）、克灵斯特隆（Lennart Klingstrom）获得冠军

男子 10000 米双人皮艇：瑞典的阿克伦德（Gunnar Akerlund）、韦特斯特隆（Hans Wetterstrom）获得冠军

男子 1000 米单人划艇：捷克斯洛伐克的霍列切克（Josef Holecek）获得冠军

男子 10000 米单人划艇：捷克斯洛伐克的恰彼克（Frantisek Capek）获得冠军

男子 1000 米双人划艇：捷克斯洛伐克的布尔扎克 – 费里克斯（Jan Brzak – Felix）、库德纳（Bohumil Kudrna）获得冠军

男子 10000 米双人划艇：美国的莱萨克（Stephen Lysak）、麦克诺夫斯基（Stephan Macknowski）获得冠军

女子 500 米单人皮艇：丹麦的霍夫（Karen Hoff）获得冠军

1952 年第十五届芬兰赫尔辛基奥运会

男子 1000 米单人皮艇：瑞典的弗雷德里克松（Gert Fredriksson）获得冠军

男子 10000 米单人皮艇：芬兰的斯特隆伯格（Thorvald Stromberg）获得冠军

男子 1000 米双人皮艇：芬兰的维尔斯（Kurt Wires）、希尔塔宁（Yrjo Hietanen）获得冠军

男子 10000 米双人皮艇：芬兰的维尔斯（Kurt Wires）希尔塔宁（Yrjo Hietanen）获得冠军

男子 1000 米单人划艇：捷克斯洛伐克的霍列切克（Josef Holecek）获得冠军

男子 1000 米双人划艇：丹麦的拉什（Bent Rasch）、杭斯特夫（Finn Haunstoft）获得冠军

男子 10000 米单人划艇：美国的黑文斯（Frank Havens）美国/获得冠军

男子 10000 米双人划艇：法国的蒂尔里尔（Georges Turlier）洛德（Jean Laudet）获得冠军

女子 500 米单人皮艇：芬兰的赛莫（Sylvi Saimo）获得冠军

1956 年第十六届澳大利亚墨尔本奥运会

男子 1000 米单人皮艇：瑞典的弗雷德里克松（Gert Fredriksson）获得冠军

男子 10000 米单人皮艇：瑞典的弗雷德里克松（Gert Fredriksson）获得冠军

男子 1000 米双人皮艇：德国的绍伊尔（Michael Scheuer）、米尔滕贝格（Meinrad Miltenberger）获得冠军

男子 10000 米双人皮艇：匈牙利的乌拉尼（János Urányi）、法比安（László Fábián）获得冠军

男子 1000 米单人划艇：罗马尼亚的罗特曼（Leon Rotman）获得

冠军

男子 10000 米单人划艇：罗马尼亚的罗特曼（Leon Rotman）获得冠军

男子 1000 米双人划艇：罗马尼亚的杜米特鲁（Alexe Dumitru）、伊斯麦尔丘斯（Simion Ismailciuc）获得冠军

男子 10000 米双人划艇：苏联的哈林（Pavel Kharine）、博捷夫（Gratsian Botev）获得冠军

女子 500 米单人皮艇：苏联的杰缅季耶娃（Yelisaveta Dementyeva）获得冠军

1960 年第十七届意大利罗马奥运会

男子 1000 米单人皮艇：丹麦的汉森（Erik Hansen）获得冠军

男子 1000 米双人皮艇：瑞典的弗雷德里克松（Gert Fredriksson）、舍代勒斯（Sven Sjodelius）获得冠军

男子 4×500 米接力皮艇：德国队获得冠军

男子 1000 米单人划艇：匈牙利的帕尔蒂（János Parti）获得冠军

男子 1000 米双人划艇：苏联的海什托尔（Leonid Geischtor）、马卡连科（Sergei Makarenko）获得冠军

女子 500 米单人皮艇：苏联的谢列金娜（Antonina Seredina）获得冠军

女子 500 米双人皮艇：苏联的舒宾娜（Maria Chubina）、谢列金娜（Antonina Seredina）获得冠军

1964 年第十八届日本东京奥运会

男子 1000 米单人皮艇：瑞典的彼得松（Rolf Peterson）获得冠军

男子 1000 米双人皮艇：瑞典的舍代勒斯（Sven-Olov Sjodelius）、乌特贝里（Nils Utterberg）获得冠军

男子 1000 米四人皮艇：苏联队获得冠军

男子 1000 米单人划艇：德国的埃舍尔特（Jürgen Eschert）获得

冠军

男子 1000 米双人划艇：苏联的希米奇（Andrey Khimich）、奥谢普科夫（Stepan Oschepkov）获得冠军

女子 500 米单人皮艇：苏联的赫维多休克（Lyudmila Khvedosyuk）获得冠军

女子 500 米双人皮艇：德国的埃塞尔（Roswitha Esser）、齐默尔曼（Annemarie Zimmermann）获得冠军

1968 年第十九届墨西哥墨西哥城奥运会

男子 1000 米单人皮艇：匈牙利的海斯（Mihály Hesz）获得冠军

男子 1000 米双人皮艇：苏联的沙帕连科（Aleksander Shaparenko）、莫罗佐夫（Vladimir Morozov）获得冠军

男子 1000 米四人皮艇：挪威队获得冠军

男子 1000 米单人划艇：匈牙利的塔塔伊（Tibor Tatai）获得冠军

男子 1000 米双人划艇：罗马尼亚的帕扎伊金（Ivan Patzaichin）、科瓦利奥夫（Serghei Covaliov）获得冠军

女子 500 米单人皮艇：苏联的皮纳耶娃（Lyudmila Pinayeva）获得冠军

女子 500 米双人皮艇：联邦德国的齐默尔曼（Annemarie Zimmermann）、埃塞尔（Roswitha Esser）获得冠军

1972 年第二十届西德慕尼黑奥运会

男子 1000 米单人皮艇：苏联的沙帕连科（Aleksandr Shaparenko）获得冠军

男子 1000 米双人皮艇：苏联的戈尔巴乔夫（Nikolay Gorbachev）、克拉塔修克（Viktor Kratasyuk）获得冠军

男子 1000 米四人皮艇：苏联队获得冠军

男子 1000 米单人划艇：罗马尼亚的帕扎伊金（Ivan Patzaichin）获得冠军

男子 1000 米双人划艇：苏联的切休纳斯（Vladislav Cesiunas）、洛巴诺夫（Yuriy Lobanov）获得冠军

男子单人皮艇障碍回旋：民主德国的霍恩（Siegbert Horn）获得冠军

男子单人划艇障碍回旋：民主德国的艾本（Reinhard Eiben）获得冠军

男子双人划艇障碍回旋：民主德国的霍夫曼（Walter Hofmann）、阿门德（Rolf–Dieter Amend）获得冠军

女子 500 米单人皮艇：苏联的里亚布钦斯卡娅（Yuliya Ryabchin-skaya）获得冠军

女子 500 米双人皮艇：苏联的皮纳耶娃（Lyudmila Pinayeva）、库雷什科（Yekaterina Kuryshko）获得冠军

女子单人划艇障碍回旋：民主德国的巴曼（Angelika Bahmann）获得冠军

1976 年第二十一届加拿大蒙特利尔奥运会

男子 500 米单人皮艇：罗马尼亚的迪巴（Vasile Diba）获得冠军

男子 1000 米单人皮艇：民主德国的黑尔姆（Rüdiger Helm）获得冠军

男子 500 米双人皮艇：民主德国的马特恩（Joachim Mattern）、奥尔布里希特（Bernd Olbricht）获得冠军

男子 1000 米双人皮艇：苏联的罗曼诺夫斯基（Vladimir Ro-manovskiy）、纳戈尔内（Sergey Nagorny）获得冠军

男子 1000 米四人皮艇：苏联队获得冠军

男子 500 米单人划艇：苏联的罗戈夫（Aleksandr Rogov）获得冠军

男子 1000 米单人划艇：南斯拉夫的留别克（Matija Ljubek）获得冠军

男子 500 米双人划艇：苏联的彼得连科（Sergey Petrenko）、维诺格

拉多夫（Aleksandr Vinogradov）获得冠军

男子 1000 米双人划艇：苏联的彼得连科（Sergey Petrenko）、维诺格拉多夫（Aleksandr Vinogradov）获得冠军

女子 500 米单人皮艇：民主德国的齐尔措夫（Carola Zirzow）获得冠军

女子 500 米双人皮艇：苏联的戈波娃（Nina Gopova）、克雷夫特（Galina Kreft）获得冠军

1980 年第二十二届苏联莫斯科奥运会

男子 500 米单人皮艇：苏联的帕尔费诺维奇（Vladimir Parfenovich）获得冠军

男子 1000 米单人皮艇：民主德国的黑尔姆（Rüdiger Helm）

男子 500 米双人皮艇：苏联的帕尔费诺维奇（Vladimir Parfenovich）、丘赫莱伊（Sergey Chukhray）获得冠军

男子 1000 米双人皮艇：苏联的帕尔费诺维奇（Vladimir Parfenovich）、丘赫莱伊（Sergey Chukhray）获得冠军

男子 1000 米四人皮艇：民主德国队获得冠军

男子 500 米单人划艇：苏联的波斯特列欣（Sergey Postrekhin）获得冠军

男子 1000 米单人划艇：保加利亚的留贝诺夫（Lyubomir Lyubenov）获得冠军

男子 500 米双人划艇：匈牙利的福尔坦（László Foltán）、瓦斯库蒂（István Vaskuti）获得冠军

男子 1000 米双人划艇：罗马尼亚的帕扎伊金（Ivan Patzaichin）、西米奥诺夫（Toma Simionov）获得冠军

女子 500 米单人皮艇：民主德国的菲舍尔（Birgit Fischer）获得冠军

女子 500 米双人皮艇：民主德国的格瑙斯（Carsta Genäuss）、比绍

夫（Martina Bischof）获得冠军

1984 年第二十三届美国洛杉矶奥运会

男子 500 米单人皮艇：新西兰的弗格森（Ian Ferguson）获得冠军

男子 1000 米单人皮艇：新西兰的汤普森（Alan Thompson）获得冠军

男子 500 米双人皮艇：新西兰的弗格森（Ian Ferguson）、麦克唐纳（Paul MacDonald）获得冠军

男子 1000 米双人皮艇：加拿大的费希尔（Hugh Fisher）、莫里斯（Alwyn Morris）获得冠军

男子 1000 米四人皮艇：新西兰队获得冠军

男子 500 米单人划艇：加拿大的凯恩（Larry Cain）获得冠军

男子 1000 米单人划艇：联邦德国的艾克（Ulrich Eicke）获得冠军

男子 500 米双人划艇：南斯拉夫的柳贝克（Matija Ljubek）、尼索维奇（Mirko Nisovic）获得冠军

男子 1000 米双人划艇：罗马尼亚的帕察金（Ivan Patzaichin）、西苗诺夫（Toma Simionov）获得冠军

女子 500 米单人皮艇：瑞典的安德松（Agneta Andersson）获得冠军

女子 500 米双人皮艇：瑞典的安德松（Agneta Andersson）、奥尔松（Anna Olsson）获得冠军

女子 500 米四人皮艇：罗马尼亚队获得冠军

1988 年第十二四届韩国汉城奥运会

男子 500 米单人皮艇：匈牙利的久拉伊（Zsolt Gyulay）获得冠军

男子 1000 米单人皮艇：美国的巴顿（Gregory Barton）获得冠军

男子 500 米双人皮艇：新西兰的弗格森（Ian Ferguson）、麦克唐纳（Paul MacDonald）获得冠军

男子 1000 米双人皮艇：美国的巴顿（Gregory Barton）、贝林厄姆

（Norman Bellingham）获得冠军

男子 1000 米四人皮艇：匈牙利队获得冠军

男子 500 米单人划艇：民主德国的霍伊克罗特（Olaf Heukrodt）获得冠军

男子 1000 米单人划艇：苏联的克列缅季耶夫（Ivans Klementjevs）获得冠军

男子 500 米双人划艇：苏联的列内斯基（Viktor Reneisky）、茹拉夫斯基（Nikolay Zhuravsky）获得冠军

男子 1000 米双人划艇：苏联的列内斯基（Viktor Reneisky）、茹拉夫斯基（Nikolay Zhuravsky）获得冠军

女子 500 米单人皮艇：保加利亚的格舍娃（Vania Gesheva）获得冠军

女子 500 米双人皮艇：民主德国的施密特（Birgit Schmidt）、诺特纳格尔（Anke Nothnagel）获得冠军

女子 500 米四人皮艇：民主德国队获得冠军

1992 年第二十五届西班牙巴塞罗那奥运会

男子 500 米单人皮艇：芬兰的科莱赫迈宁（Mikko Kolehmainen）获得冠军

男子 1000 米单人皮艇：澳大利亚的罗宾逊（Clint Robinson）获得冠军

男子 500 米双人皮艇：德国的布卢姆（Kay Bluhm）、古切（Torsten Gutsche）获得冠军

男子 1000 米双人皮艇：德国的布卢姆（Kay Bluhm）、古切（Torsten Gutsche）获得冠军

男子 1000 米四人皮艇：德国队获得冠军

男子 500 米单人划艇：保加利亚的布恰洛夫（Nikolai Bukhalov）获得冠军

男子 1000 米单人划艇：保加利亚的布恰洛夫（Nikolai Bukhalov）获得冠军

男子 500 米双人划艇：独联体的马塞科夫（Aleksandr Maseikov）、多夫加列诺克（Dmitriy Dovgalenok）获得冠军

男子 1000 米双人划艇：德国的帕普克（Ulrich Papke）、施佩利（Ingo Spelly）获得冠军

男子单人皮艇障碍回转：意大利的费拉齐（Pierpaolo Ferrazzi）获得冠军

男子单人划艇障碍回转：捷克斯洛伐克的波莱尔特（Lukás Pollert）获得冠军

男子双人划艇障碍回转：美国的雅各比（Joe Jacobi）、斯特劳斯鲍（Scott Strausburgh）获得冠军

女子 500 米单人皮艇：德国的施密特（Birgit Schmidt）获得冠军

女子 500 米双人皮艇：德国的波特维赫（Ramona Portwich）、冯泽克（Anke von Seck-Nothnagel）获得冠军

女子 500 米四人皮艇：匈牙利队获得冠军

女子单人皮艇障碍回转：德国的米歇勒（Elisabeth Micheler）获得冠军

1996 年第二十六届美国亚特兰大奥运会

男子 500 米单人皮艇：意大利的罗西（Antonio Rossi）获得冠军

男子 1000 米单人皮艇：挪威的霍尔曼（Knut Holmann）获得冠军

男子 500 米双人皮艇：德国的布卢姆（Kay Bluhm）、古切（Torsten Gutsche）获得冠军

男子 1000 米双人皮艇：意大利的罗西（Antonio Rossi）、斯卡尔帕（Daniele Scarpa）获得冠军

男子 1000 米四人皮艇：德国队获得冠军

男子单人皮艇障碍回转：德国的菲克斯（Oliver Fix）获得冠军

男子500米单人划艇：捷克共和国的多克托（Martin Doktor）获得冠军

男子1000米单人划艇：捷克共和国的多克托（Martin Doktor）获得冠军

男子500米双人划艇：匈牙利的霍瓦特（Csaba Horvath）、科洛尼奇（György Kolonics）获得冠军

男子1000米双人划艇：德国的迪特梅尔（Andreas Dittmer）、基希巴赫（Gunar Kirchbach）获得冠军

男子单人划艇障碍回转：斯洛伐克的马蒂坎（Michal Martikan）获得冠军

男子双人划艇障碍回转：法国的阿迪松（Franck Adisson）、福尔格（Wilfrid Forgues）法国获得冠军

女子500米单人皮艇：匈牙利的科班（Rita Kóbán）获得冠军

女子500米双人皮艇：瑞典的安德松（Agneta Andersson）、贡纳松（Susanne Gunnarsson）获得冠军

女子500米四人皮艇：德国队获得冠军

女子单人皮艇障碍回转：捷克共和国的希尔格托娃（Stepanka Hilgertová）获得冠军

2000年第二十七届澳大利亚悉尼奥运会

男子500米单人皮艇：挪威的克努特·霍尔曼（Knut Holmann）获得冠军

男子1000米单人皮艇：挪威的克努特·霍尔曼（Knut Holmann）获得冠军

男子500米双人皮艇：匈牙利的佐尔丹·卡梅勒尔（Zoltan Kammerer）、波滕德·斯托尔茨（Botond Storcz）获得冠军

男子1000米双人皮艇：意大利的安东尼奥·罗西（Antonio Rossi）、贝尼亚米诺·波诺米（Beniamino Bonomi）获得冠军

男子 1000 米四人皮艇：匈牙利队获得冠军

男子 500 米单人划艇：匈牙利的吉奥尔吉·科洛尼奇（Gyorgy Kolonics）获得冠军

男子 1000 米单人划艇：德国的安德列亚斯·迪特默尔（Andreas Dittmer）获得冠军

男子 500 米双人划艇：匈牙利的费伦克·诺瓦克（Ferenc Novak）、伊姆雷·普莱（Imre Pulai）获得冠军

男子 1000 米双人划艇：罗马尼亚的米蒂卡·普里克普（Mitica Pricop）、弗洛林·波佩斯库（Florin Popescu）获得冠军

男子单人皮艇障碍回转：德国的托马斯·施密特（Thomas Schmidt）获得冠军

男子单人划艇障碍回转：法国的托尼·埃斯坦盖（Tony Estanguet）获得冠军

男子双人划艇障碍回转：斯洛伐克的帕维尔·霍奇舒纳尔（Pavel Hochschorner）、彼得·霍奇舒纳尔（Peter Hochschorner）获得冠军

女子 500 米单人皮艇：意大利的约塞法·伊德姆·盖里尼（Josefa Idem Guerrini）获得冠军

女子 500 米双人皮艇：德国的比尔吉特·菲舍尔（Birgit Fischer）、卡特琳·瓦格纳（Katrin Wagner）获得冠军

女子 500 米四人皮艇：德国队获得冠军

女子单人皮艇障碍回转：捷克共和国的斯蒂潘卡·希尔格托娃（Stepanka Hilgertova）获得冠军

2004 年第二十八届希腊雅典奥运会

男子 500 米单人皮艇：加拿大的亚当·范克沃登（Adam van Koeverden）获得冠军

男子 1000 米单人皮艇：挪威的埃里克·维拉斯·拉尔森（Eirik Veraas Larsen）获得冠军

男子 500 米双人皮艇：德国的罗纳德·拉乌赫（Ronald Rauhe）、蒂姆·维斯科特（Tim Wieskötter）获得冠军

男子 1000 米双人皮艇：瑞典的马尔库斯·奥斯卡尔松（Markus Oscarsson）、亨里克·尼尔森（Henrik Nilsson）获得冠军

男子 1000 米四人皮艇：法国队获得冠军

男子 500 米单人划艇：德国的安德列亚斯·迪特默尔（Andreas Dittmer）获得冠军

男子 1000 米单人划艇：西班牙的戴维·卡尔（David Cal）获得冠军

男子 500 米双人划艇：中国的孟关良、杨文军获得冠军

男子 1000 米双人划艇：德国的克里斯蒂安·吉勒（Christian Gille）、托马斯·维伦泽克（Tomasz Wylenzek）获得冠军

男子单人皮艇障碍回转：法国的贝诺瓦·佩西埃（Benoit Peschier）获得冠军男子单人划艇障碍回转：法国的托尼·埃斯坦盖（Tony Estanguet）获得冠军

男子双人划艇障碍回转：斯洛伐克的帕维尔·霍奇舒纳尔（Pavel Hochschorner）、彼得·霍奇舒纳尔（Peter Hochschorner）获得冠军

女子 500 米单人皮艇：匈牙利的纳塔萨·扬尼奇（Natasa Janics）获得冠军

女子 500 米双人皮艇：匈牙利的卡塔琳·科瓦奇（Katalin Kovács）、纳塔萨·扬尼奇（Natasa Janics）获得冠军

女子 500 米四人皮艇：德国队获得冠军

女子单人皮艇障碍回转：斯洛伐克的埃莲娜·卡里斯卡（Elena Kaliska）获得冠军

2008 年第二十九届中国北京奥运会

男子静水单人皮艇 500 米：澳大利亚的肯·华莱士（Kenneth Wallace）获得冠军

男子静水单人皮艇 1000 米：英国的蒂姆·布拉班特斯（Tim Brabants）获得冠军

男子静水双人皮艇 500 米：西班牙的克拉维奥托（Craviotto Saul）、佩雷斯（Perez Carlos）获得冠军

男子静水双人皮艇 1000 米：德国的马丁·霍尔施泰因（Martin Hollstein）、伊勒（Ihle Andreas）获得冠军

男子静水四人皮艇 1000 米：白俄罗斯队获得冠军

男子静水单人划艇 500 米：俄罗斯的马克西姆·奥帕列夫（Maxim Opalev）获得冠军

男子静水单人划艇 1000 米：匈牙利的沃伊道·奥蒂洛（Vajda Attila Sandor）获得冠军

男子静水双人划艇 500 米：中国的孟关良、杨文军获得冠军

男子静水双人划艇 1000 米：白俄罗斯的安·巴赫丹诺维奇（Andrei Bahdanovich）、亚·巴赫丹诺维奇（Aliaksandr Bahdanovich）获得冠军

男子单人皮艇激流回旋：德国的亚历山大·格林（Alexander Grimm）获得冠军

男单人划艇子激流回旋：斯洛伐克的米哈尔·马尔季坎（Michal Martikan）获得冠军

男子双人划艇激流回旋：斯洛伐克的帕维尔·霍奇舒纳尔（Pavol Hochschorner）、彼得·霍奇舒纳尔（Peter Hochschorner）获得冠军

女子静水单人皮艇 500 米：乌克兰的拉多姆斯卡（Osypenko-Radomska Inna）获得冠军

女子静水双人皮艇 500 米：匈牙利的科瓦奇（Katalin Kovacs）、扬尼奇（Natasa Janics）获得冠军

女子静水四人皮艇 500 米：德国队获得冠军

女子单人皮艇激流回旋：斯洛伐克的卡里斯卡（Elena Kaliska）获

得冠军

2012 年第三十届英国伦敦奥运会

男子单人划艇 200 米：乌克兰的尤里·切班（Yuri Cheban）获得冠军

男子单人划艇 1000 米：德国的塞巴斯蒂安·布伦德尔（Sebastian Brendel）获得冠军

男子双人划艇 1000 米：德国的彼得·克雷奇默（Peter Kretschmer）、库尔特·库斯彻拉（Kurt Kuschela）获得冠军

男子单人皮艇 200 米：英国的艾德·迈克基弗（Ed Mckeever）获得冠军

男子单人皮艇 1000 米：挪威的埃里克·维拉斯·拉尔森（Eirik Veras Larsen）获得冠军

男子双人皮艇 200 米：俄罗斯的尤里·波斯蒂加（Yury Postrigay）、亚历山大·吉亚琴科（Alexander Dyachenko）获得冠军

男子双人皮艇 1000 米冠：匈牙利的鲁道夫·多比（Rudolf Dombi）、罗兰德·科克尼（Roland Kokeny）获得冠军

男子四人皮艇 1000 米：澳大利亚队获得冠军

男子单人皮艇激流回旋：意大利的丹尼尔·摩尔门蒂（Daniele Molmenti）获得冠军

男子单人划艇激流回旋：法国的托尼·埃斯坦盖（Tony Estanguet）获得冠军

男子双人划艇激流回旋：英国的蒂姆·贝利（Tim Baillte）、埃蒂安·斯托特（Etienne Stott）获得冠军

女子单人皮艇 200 米：新西兰的莉莎·卡琳顿（Lisa Carrington）获得冠军

女子单人皮艇 500 米：匈牙利的达努塔·科扎克（Danuta Kozak）获得冠军

女子双人皮艇 500 米：德国的弗朗梯斯卡·韦伯（Franziska Weber）、蒂娜·迪特泽（Tina Dietze）获得冠军

女子四人皮艇 500 米：匈牙利队获得冠军

女子单人皮艇激流回旋：法国的埃米利·菲尔（Emilie Fer）获得冠军